子ども・青年の生活と教育

―「生活台」に立つ教育改革を求めて―

新海 英行 著

大学教育出版

はじめに

　子ども・青年の発達のゆがみが指摘されて久しい。いわゆる「偏差値」教育の弊害が懸念され，その克服の必要性が声高に叫ばれてきた。すでに臨時教育審議会が，第3の教育改革を標榜し，「個性化（自由化）」，「弾力化」，「国際化」といったキーコンセプトのもとで，戦後教育改革の理念と仕組みの大幅な改編を方向づけたことは周知のとおりである。

　ところで，教育改革は政府の一審議会の，しかも一片の答申で本当に実現し得るものであろうか。むろん答は「否」である。審議会の答申が，子どもたちの心身ともに健やかな成長をこころから願う父母や教育現場で毎日の教育実践に心血を注ぐ教師たちの声に十分に耳を傾けていなかっただけに，なおのこと「否」と答えざるをえない。本来の教育改革は，日々の教育実践の豊かな蓄積があってこそ，実現され得るものだと考えられるからである。より具体的には子ども・青年の発達の可能性をとことん信頼し，生き生きした生活台に立った教育実践を創造，発展することがなによりも必要となっているといえよう。そしてさらに父母・教師の主体的な教育参加のもとで，そうした実践を創出し得る自治的な学校運営が着実に築かれるべきであろう。

　以上のような問題意識のもとに，本書では，現代日本の学校教育の当面する問題状況，その要因・背景，そして教育実践の課題と方向性について，子ども・青年の生活と教育のありよう，とくに中学生・高校生を中心とする生活指導と進路選択（指導）のあり方に焦点をおいて論述している。

　本書の内容構成はおおよそ次のとおりである。

　第1章では，現代日本の学校教育の動向，とくに能力主義教育政策がもたらす諸問題および実践的諸課題について解明し，第2章では，教育実践，とくに生活指導の理論と実践の到達点と今日的意義について吟味し，第3章で

は，子ども・青年の生活と発達のゆがみの現状，その克服のための生活指導実践を検討し，第4章では，中学生の民主的人格（価値観）形成の観点から道徳教育のあり方を論じ，第5章では，高校生の進路（生き方）選択の実態分析に基づいて，大学入試制度の経緯と今後の改革課題について分析し，第6章では，地域・学校での生活・労働や学習を共有することを通しての，子ども・青年の自己成長のあり方について検討し，第7章では，地域生活と生涯学習，とくに地域における父母・住民および教師の子育て・教育問題の共同学習のあり方や子どもたちと大人の育ちあいの課題について論究している。

　各章・節の諸論文は，いずれも過去10年余の間に，その時々の教育問題を分析，解明する必要に迫られて書いたものである。そこで論究されている教育問題の多くは，いまだに解決されないままだし，分析の視点や方法論は，今日の状況を考えるにあたってなおも有効・適切と思われるので，字句の修正，加筆は最小限にとどめ，ほとんど原文のまま収録することとした。

　なお，本書の各論文の初出は次のとおりである。

　第1章　子ども・青年の発達疎外と学校教育

　　　　－子ども・青年，父母の教育要求にどう応えるか－

　　　「父母の教育要求に応える学校とは」坂本光男，折出健二編『父母と教師はどう連帯するか（講座・中学生問題　5）』，明治図書，1984年8月。

　第2章　生活指導の到達点と課題

　　　「生活指導の展望と課題」，田浦武雄編『現代教育の展望』，福村出版，1977年5月。

　第3章　生活・発達主体としての子ども・青年と生活指導

　　1　生活・発達主体としての子ども理解

　　　「生活・発達主体としての子ども理解」『現代教育科学』明治図書，1984年3月。

　　2　生活・学習意欲の自覚化と学級集団づくり

　　　「まずは連帯と生活・学習意欲の自覚化を」『特別活動研究』明治図書，1982年5月。

3　学習規律づくりの実践に学ぶ

　　　　「求められる教師の協同・連帯」『特別活動研究』明治図書，1980年11月。

　　4　児童会・生徒会の活性化－全校的指導体制の確立が課題－

　　　　「全校的指導体制の確立が課題」『特別活動研究』明治図書，1983年11月。

　　5　勤労体験学習と野外学習

　　　　「勤労体験学習と野外学習」『体育科教育』大修館書店，1979年8月。

第4章　中学生の価値観形成と道徳教育

　　　　「中学校における道徳教育」田浦武雄編『道徳と教育』福村出版，1972年4月。

第5章　高校生の進路選択と入試制度

　　1　高校生の進路選択をめぐる問題状況

　　　　－愛知県の高校生の意識調査から－

　　　　「青年の進路選択をめぐる問題状況」名古屋市福祉研究会編『名古屋市の福祉をめぐって』，1982年3月。

　　2　高校生の進路選択の諸契機

　　　　－インタビュー調査からみた－

　　　　「高校生の進路選択の諸契機」日本教育学会編『大学入試制度の教育学的研究』東京大学出版会，1983年12月。

　　3　高校中退者の実態と課題

　　　　「高校中退者問題」久世敏雄編『青年心理ハンドブック』福村出版，1988年4月。

　　4　入試制度の問題－大学入試制度改革の検証－

　　　　「入試制度の問題－大学入試制度改革の現段階－」宮川知彰，小川利夫編『青年の学力』日本標準，1978年9月。

第6章　子ども・青年の社会参加と自己成長

　　1　子ども・青年の社会参加と環境条件づくり

　　　　「名古屋の青少年と社会参加」『地域問題研究』地域問題研究所，1989年9月。

　　2　地域と人づくり

　　　　「地域と人づくり」（半田市・常滑市・知多郡地域ぐるみの生徒指導推進事業・講

　　　　演記録，1993年2月）
　　　3　青年集団と教育
　　　　「青年集団と教育」田浦武雄編『教育の原理』名古屋大学出版会，1983年3月。
第7章　地域生活と生涯学習
　　　　－子ども・青年と父母・住民の育ちあい－
　　　　「生涯学習の現在」『朝日新聞（夕刊）』（名古屋本社版），1985年4～5月，「生涯学習と大学の役割」『生涯学習ニーズに対応する大学の役割』名古屋大学教育学部，1992年3月。

　当面の混迷する教育問題の解明と打開に，そして，これからの教育のあり方を展望するうえで，本書が少しでもお役に立つことができれば，望外の喜びである。とりわけ子どもたちの未来に夢を託し，明日の教育を担うことを志す学生諸君に，本書を教育学の入門的な勉学のためのテキストとして批判的に読んでいただくことを期待したい。
　本書の刊行にあたって，大学教育出版の佐藤守氏に大変お世話になった。謝意を表する次第である。

　1993年4月　　　　　　　　　　　　　　　　　　　　　　　　　著者

新版刊行にあたって

　いま，青少年の非行・問題行動が戦後4度目のピークを迎えている。いじめ，不登校，自殺，暴力，援助交際などがいっこうに減少していないどころか，ここ2，3年増加傾向にある。ふつうの子どもが，ある日突然切れることによる，いわゆる「いきなり型」の凶悪・粗暴犯が急増しているという。

　文部省は「生きる力」を育む教育，そして「心」の教育を熱心に推奨し，学校現場では子どもたちのボランティア活動への参加，さらには総合的学習に取り組んできた。近年では，社会に対して閉鎖的な学校教育のあり方を反省し，地域にひらかれた学校づくりにむかって地域における体験学習を積極的に導入したり，社会人が授業を担当する機会を設けたりするなど，さまざまな試みが着手されている。そして，こうした試みの可能性や乗り越えるべき問題の解明が急がれている。

　ともあれ生き生きとした生活体験を大切にしながら，子どもたちの主体的で，人間的な成長を援助し得る教育のあり方が求められているといえよう。社会の主人公たり得る豊かな人格と確かな学力を育む学校教育を創り出していくうえで，「生活台」に立ち，「生活知」を培う教育の取り組みはもっと深められ，発展されなければならないであろう。その意味で，学校教育はいままさに革新の時代を迎えているといえる。より正確にいえば教育の基本的な理念だけでなく，その中身と仕組みを文字通り抜本的に改編し，革新すべき時代を迎えているといわなければならない。

　筆者は，以上のような現状認識を持ちながら，今日の学校や教育のあり方を考え，そして論じてきた。今回，本書の旧版を改めるに際して，旧版における第7章「地域生活と生涯学習―子ども・青年と父母・住民の育ちあい―」を削除し，これに代わって新たに「地域生活と子ども・青年の育ちあい」（「地

域における子育て・教育と行政の役割」『青少年の健全育成に係る地域社会の役割について』愛知県青少年問題協議会専門委員会報告における筆者の草稿，「地域生活と総合的学習」『総合人間科の開発過程の評価に関する事務研究（平成8年度―平成10年度科学研究費補助金研究成果報告書，1999年3月）』）の二つの論稿を収録した。

　子ども・青年の人間的尊厳と発達の可能性への正当な認識のうえに立って，日本の学校教育が再構築される日が遠くないことを願いつつ，ここに装いを新たにして本書を再版した。本書が，教育学を学ぶ学生諸君にとって，戦後のすぐれた教育実践や教育理論の軌跡と到達点を理解し，これからの教育のあり方をより深く考えるための一里塚となれば望外の喜びである。

　2000年1月

著　者

新版　子ども・青年の生活と教育
目　次

はじめに ……………………………………………………………… i
新版刊行にあたって ………………………………………………… v

第1章　子ども・青年の発達疎外と学校教育 …………………… 1
　　　　――子ども・青年，父母の教育要求にどう応えるか――
　1　子ども・青年の発達疎外の諸相とその要因　　1
　2　地域教育運動と父母の教育要求　　7
　3　子ども・父母の教育要求に応える学校づくりの課題　　17
　4　問われる教師（集団）の指導性――まとめにかえて――　24

第2章　生活指導の到達点と課題 ……………………………… 29
　1　問題の所在　　29
　2　生活綴方的生活指導の生成と発展　　32
　3　集団主義的生活指導への転回　　34
　4　生活指導理論とその課題　　38

第3章　生活・発達主体としての子ども・青年と生活指導 ……… 45
　1　生活・発達主体としての子ども理解　　45
　　　　――生活指導か生徒指導か，その「子ども理解」の検討――
　2　生活・学習意欲の自覚化と学級集団づくり　　50
　3　学習規律づくりの実践に学ぶ　　54
　4　児童会・生徒会の活性化――全校的指導体制の確立が課題――　60
　5　勤労体験学習と野外学習　　64

第4章　中学生の価値観形成と道徳教育 ……………………… 73
　1　中学生と道徳　　73
　2　中学校における道徳教育の実態　　74

3　中学校における道徳教育の課題　　87

第5章　高校生の進路選択と入試制度 …………………………… *93*
　　1　高校生の進路選択をめぐる問題状況　　*93*
　　　　──愛知県の高校生の意識調査から──
　　2　高校生の進路選択の諸契機　　*110*
　　　　──インタビュー調査からみた──
　　3　高校中退者の実態と課題　　*127*
　　4　入試制度の問題──大学入試制度改革の検証──　　*139*

第6章　子ども・青年の社会参加と自己成長 …………………… *159*
　　1　子ども・青年の社会参加と環境条件づくり　　*159*
　　2　地域と人づくり　　*167*
　　3　青年集団と教育　　*175*

第7章　地域生活と子ども・青年の育ちあい …………………… *185*
　　1　地域における子育て・教育と行政の役割　　*185*
　　2　地域活動と総合的学習　　*196*

資　料　教育関係法規抄 ………………………………………… *203*

第1章　子ども・青年の発達疎外と学校教育
― 子ども・青年，父母の教育要求にどう応えるか ―

1　子ども・青年の発達疎外の諸相とその要因

　1973年のオイル・ショック以降，日本の社会が高度経済成長から低成長・減速経済の時代に入るとともに，子ども・青年の非行は激増の一途をたどっている。いまや，非行問題の焦点は，高校から中学へ，さらに小学校中・高学年に移っている。とりわけ中学生の万引，登校拒否，校・家庭内暴力が急増し，ここ数年，警察官の護衛と監視のもとで卒業式を行う学校がにわかに増加しているという。83年2月に起こった横浜の中学生の浮浪者襲撃・殺傷事件は，彼らが病身で身寄りのない高齢の，弱い立場にある人びとへの思いやり・共感といった人間的な感性をまったく欠落させてしまっているのではないかと思わざるをえない，このうえもなく悲惨で，衝撃的な事件であった。中学生の非行が，まさに極限に到達していることを思い知らされる事件であった。凶悪化，粗暴化，悪質化という特徴が中学生非行に集中する傾向が，ますます顕著になりつつあるだけに，事態はもはや一時も手を拱いて座視できない状況にたち至っていることを，まず最初に確認しておかなければならない[1]。

　また，子どもたちの身体のしなやかさ・機敏性・器用さの低下，運動能力の著しい退化現象をはじめ，背筋力の低下・肥満，さらに背柱側湾症・アレ

ルギー性疾患・気管支炎等のほか，胃潰瘍・糖尿病といった成人病が子どもたちの中に目立つようになったことも，近年各種の調査が実証しつつあるきわめて深刻な問題である[2]。

　さらに，低学力の問題も，「ゆとりと充実」の教育課程に移行されたにもかかわらず，いっこうに解消される様子がないのは周知のとおりである。授業が「わからない」，授業に「ついていけない」子どもたちが，小学校の中学年から高学年にかけての段階，さらに中学1・2年の段階に，確実に増加しているという事実を見逃すことはできない。とりわけ中学生非行が，多くの場合，低学力と相関していることを考えるなら，低学力の克服は早急に取り組まなければならない課題の一つであることは言うまでもない[3]。

　以上，述べたように，非行・問題行動に加えて，子どもたちのからだ（五官をはじめ身体的諸能力）と学力・知性の発達のゆがみも，すでに久しく指摘されてきた。非行・問題行動が，子ども・青年のこころ（感性や人格）の発達のゆがみ，すなわち発達疎外を象徴的に表現する現象とするなら，こころの発達疎外とともに，からだと知性の発達疎外もきわめて深刻な事態にたち至っていると言わなければならない。むろん，ことさら非行や低学力だけを問題視するのは一面的である。今日の学校の支配的な体制に適応・順応する「高学力」の「よい（健全な）」子どもたちに問題がないわけではない。他者との協同・協力に無関心な，社会的正義感を伴わない感性や知性は，とかく目立ちがちな非行や低学力に劣らず深刻な発達疎外を表現するものとして黙視できないことは言うまでもない。

　それでは，以上に述べたような，今日の子ども・青年のこころとからだ，そして知性の全面にわたる発達のゆがみ・疎外現象を誘発させている基本的な要因をどこに求めなければならないか。

　人間形成における環境要因の大きさを思い起こすならば，基本的には，それは彼らが生活する社会環境の所産だということに気づく。子どもたちをとりまく今日の社会環境こそ，彼らの発達疎外を胚胎する母体である。子ども

たちが生活し，発達する社会環境は，主に家庭，地域そして学校である。それらのいずれも，現代日本の社会構造全体を貫く病理におかされており，つきつめるならば，そうした社会的病理の子どもたちへの投影として，発達の疎外現象をとらえるのが正しい理解といえよう。

ところで，非行の要因がことさらに家庭での躾の欠如，父性の喪失，親の過保護・放任等の親子関係をはじめ，家庭状況に求められることが少なくない[4]。むろん親子関係を主要因とする場合も少なからず存在することは否定できない。さらに，十全な生存・生活と発達要件を欠如する父・母子家庭，経済的・文化的貧困，家庭崩壊等，総じて今日の社会的貧困が家庭の教育力を喪失させ，低学力をもたらし，非行・問題行動を誘発させるという意味で，家庭の問題は看過されてはならないであろう。子どもたちにとって家庭と同様，欠かすことのできない発達環境である地域の問題も然りである。

しかし，家庭や地域の教育力の貧困化が過大に論じられることによって，いま一つの要因，しかも子ども・青年の発達疎外の基本的かつ最大の要因というべき学校の問題が，過小に認識される危険を感じなくはない。今日の子どもたちの発達をめぐる問題に満ちた状況（教育荒廃）の現況をみるなら，子どもたちの人間的成長・発達の保障に最も直接的責任を負うことを任務とする学校は決して免罪されるべきではない。社会的に最もきびしくその責任とそのあり方が問われなければならないのは，競争と選別と管理で子どもたちを追いたてる学校に他ならないからである。

近年，学校教育の荒廃状況が告発をこめてしばしば報道され，論評されるようになった[5][6]。規則ずくめの学校生活，子どもの人格を相対評価し，高校入試の合否判定基準に資する人物総評，新設校を中心に実施されている規則ずくめの管理主義的指導（生徒の自治活動の抑圧），体罰是認論の立場からの学校教育法11条（体罰禁止条項）改正論，官製研修の拡充で大幅に制約された自主的教育研究活動，業者テストに依存した偏差値教育などがそれである。

以上のような，自由で潑剌とした学校づくりを阻害する実態を引き起こし

ている元凶は，国家・資本の論理を最優先し，子どもの人権と人間的発達の論理を後景に退ける能力主義教育政策に他ならない。言いかえれば，差別的な能力主義教育政策こそ，子どもたちの発達保障に対して最も直接的な社会的責務をもつべき学校の病理をつくりだしている最大の要因と言わなければならない。こうした観点に立って，以下，現代の能力主義教育政策がもたらしている学校（教育）の非人権的諸相に論及してみよう。

　第1に「選別」と「競争」の教育である。本来，学校は子ども・青年のこころとからだと知性の全面にわたって彼らの可能性の発見と発達を十分に保障するものでなければならない。しかし，今日の学校では，高校・大学への進学が至上目的とされ，子どもたちのこころ・からだの教育と必ずしも結びつくことなく，一面的・断片的な「学力」の教育に過大の位置づけが与えられている（とはいえ，「学力」の教育の重視にもかかわらず，科学的な世界観と認識能力の形成を充足しうる，言葉の真の意味での「学力」の教育は決して十分に行われているとは言えない）。言いかえれば「現代の学校教育は，身体の教育と精神の教育とを，行為の教育と人格の教育とを分断し，その各々をまたいびつなものにしてしまっている[7]」のである。こうした教育の分断状況のなかで，しかも輪切りの「偏差値」体制のもとでの苛烈で排他的なテスト競争（受験産業に依存した）とテスト成績による序列化は，子どもたちに著しくゆがんだ優越感や劣等感や挫折感を植えつけ，彼らの人間的な結びつきや民主的な仲間・集団づくりを阻害・分断し，彼らに異常なまでの自己中心的な生き方を強いている。相対評価がこうした自己中心的な生き方を子どもたちに強いる選別と競争の教育体制を積極的に補強し，促進する役割を果たしていることを見逃してはならない。いま，学校は，子どもたちが自主的・自立的に自らの人生を選択していくための，人生・社会観や自然・社会に関する科学的な基礎能力を培う場というより，教科の得点・成績で彼らを精巧に分別し，配列する選別装置の役割をその中心的任務とするに至ったといってよい。

第2に,「管理」主義の教育である。選別と競争の学校体制に子どもたちを円滑かつ効率的に編入させるために,上からの一方的な規則・きまりの強要,違反者への厳重な処分・処罰を含む,有無を言わせない非民主的な管理がとりわけ中学・高校で導入され,広く実施されている。管理に適応・順応できず,脱落ないし抵抗し,非行や問題行動を起こす子どもたちには「取締り」が一層強化されたり,「体罰」による制裁が加えられる。なおも管理への服従を拒否する者は容赦なく切り捨て(登校拒否の黙認,転校・中途退学の推奨)られていく。体罰是認論の根底には,体罰が教育における教師の「主体性」,「権威」の名のもとに,さらには子どもたちへの「愛のムチ」のゆえに,肯定されて然るべきであるとする教育観が存在する。しかし,いわば既存の学校秩序への子どもたちの編入の暴力的強制としての体罰の横行は,問題の根底的な解決どころか,かえって非行の拡大・深化の土壌をつくっているとさえ言えよう。体罰は,まさに人間の教育という営為にとって欠かすことのできない人間の尊厳,人権の尊重の観点に立つ教育観とは本来異質のものと言わなければならない。体罰は,教師の「主体性」や「権威」の表現であろうはずはなく,むしろこれとはまったく逆に教師の「主体性」や「権威」の不在と精神的退廃(人権感覚の欠落)の表現に他ならないといって過言でない。

第3に,このような強圧的な管理の強要は,当然のことながら子どもたちの自主的・自立的な自治活動を大幅に制約している。生徒会,学級会等の集会活動をはじめ,各種の学校行事や課外活動では,活動の企画や運営における子どもたちの主体性・自主性が十分に配慮されているとは言えない。したがって,そうした活動のなかで,彼らの自治的能力の形成と民主的・自治的集団づくりという本来の目標が正しく追求されているとは言いがたい。むしろ一般的傾向としては,生徒会その他の自主的活動が,学校の管理体制の下請機関に堕していると言わざるをえない。こうした自治的諸活動の停滞は,選別と競争の今日の教育体制のもとで,子どもたちのなかに拡がっている他者への共感・協同・連帯を拒否する自己中心性の克服を一層困難にするだけ

でなく，ひいては次代の社会の担い手（主体）として必須の民主的人間・社会観と自治的能力の形成をますます困難にするにちがいない。

　第4に，学校の非民主的な管理体制である。子どもの自治活動が形骸化し，下請化していると同様に，学校自治における父母・教師の役割と位置づけもきわめて形骸化しているといえる。職員会議は，一般に上意下達機関化し，教職員の自由な発言と集団的な討論と民主的な最高議決を行う学校自治の中枢機関たりえなくなって久しい。各種主任を中間管理職として位置づけた任命制主任制度をはじめ，企業の経営管理組織を模した序列的職階制度の導入と定着は，教職員のなかに上命下服の関係を一般化させ，差別と分断をもたらしている。これこそ教師の自治的活動や職員会議形骸化の主要因に他ならない。さらに，ＰＴＡの学校への従属機関化が支配的傾向となっている現在，父母（住民）の学校運営への主体的参加，すなわち父母の学校自治への主体的役割や位置づけは，教職員のそれとは比較にならないほど，ほとんど配慮されていないと言わなければならない。父母（住民）の教育要求組織化と父母・教師集団の提携・連帯による民主的学校運営・学校づくりを阻んでいるゆえんである。

　以上の，今日の学校荒廃を誘発させている能力主義教育の諸相は，いまや教育に関心を持つ者ならばだれでも認めざるをえない基本的な問題である。ただ，あらためて強調しなければならないのは，子ども・青年の発達疎外の最大の要因が上述の諸点に求められるべきであるということである。これらの点は，総じていわば学校の教育力の著しい低下をもたらしている。きわめて当然すぎることであるが，このような学校の教育力の低下を放置し，ひたすら対策的・対処療法的手段にだけよったり，あるいは問題の発生源をもっぱら家庭教育の欠陥に求めるのでは，今日の事態の基本的・抜本的な解決を得ることはできないであろうことを重ねて強調したい。

　それでは，基本的・抜本的問題解決，言いかえれば，父母・教師の民主的教育要求に根ざす学校改革・学校づくりをどうすすめるべきであろうか。そ

のためには，何よりも父母・教師の学校のあり方をめぐるさまざまな要求や意見を自由に出し合い，吟味し合うなかでお互いの考えをとぎすまし，共通の見解や要求をまとめあげていく場をより豊富にかつ多様に設定していくことを通して，父母・教師のそれぞれの自立的・民主的集団づくりと両者の提携・連帯・協力の諸関係を，学校と地域に創出していくことが必要と考えられる。

以下，次のような父母（住民）と教師の連携・協力による二つの先進的な地域教育運動を取り上げ，その中で父母・教師の学校批判や教育要求に関してどう合意形成が行われ，どういう学校づくりの課題が導き出されているかについて明らかにしてみたい。

2　地域教育運動と父母の教育要求

(1)　中津川市における「教育を育てる会」と地域に根ざす教育づくり

岐阜県中津川市には，「教育を育てる会」という父母を中心とし，教師も参加する組織が存在する。この会の発足の経緯は次のとおりである。

岐阜県では，戦後二度にわたって「教育正常化」の嵐が吹きまくった。最初のそれは1960年代初め，二度目は70年代中頃以降である。とりわけ東濃・恵那地区は正常化攻撃の最大目標とされてきたといってよい。その理由は勤評闘争の時代にまでさかのぼる。すなわち，1957，58年の勤評反対運動にさいして，岐教組東濃・恵那支部は，教育労働者としての権利要求を軸とする政治闘争戦術より，むしろ地域に入り，勤評反対の理由を伝えるとともに父母・住民との連携による教育課程づくり，父母・住民と教師の「教育の合意づくり」に運動方針を転換し，文字通り父母・住民と教師の緊密な連帯のもとで地域ぐるみの学校づくりを展開し，組合の切り崩しにみごとに打ち勝った（県下約１万名の組合員のうち8,000名が脱退，恵那地区では900名中100名が脱退）。勤評闘争を契機に創出された地域ぐるみの教育運動を背景に，父

母・住民と教師の統一と合意形成の場としての恵那教育会議（1957年）が発足し，さらに正常化攻撃に抗する全県的な県民ぐるみの教育運動の取り組みのなかで「民主教育を守る会」（70年）が誕生した。この会の地区ごとの組織が，70年以降「教育を育てる会」に改称され，今日に至っている[8]。

やや長いが，以下「教育を育てる会」発足の主旨を，中津川市南地区教育を育てる会の総会資料（82年9月18日）から引用してみたい。

「子どもたちの豊かな発達を保障するために，民主教育を守り育ててきた多くの人々のなみなみならぬ努力にもかかわらず，子どもと教育をとりまく情勢は年を追って厳しくなってきています。

子どもたちは，差別，選別のふるいわけによる，無気力，無関心から，最近は，殺人，暴力，非行にまで発展し，その上，家庭破壊までも加わって，一段と深刻になっています。

人間を大切にするのでなく，労働の政策を優先させ，更に，軍国主義化が加速度的にすすんでくることによって，明日への希望を断たれた子どもたちの今日的状況は『教育正常化』の名のもとに，本当のことを教室で教えたり，子どもたちが自主的に学ぶ権利までも，権力の手でうばいとってしまおうとしたところから既に予想されていたのです。

そこで，何とかその事実を一人でも多くの方々に知ってもらうことが大切だということで生まれてきたのが『民主教育を守る会』だったのです。

当初は『民主教育を守る会』といってきたように『守り』が重点で，深まりつつある子どもや教育についての危機の実情を知り，多くの人々に知らせるのが活動の重点でした。しかし，守りだけでは真に民主的な教育をつくりだしていくことはできません。

その頃，教科書裁判で，杉本判決は，『教育権は国民にある』『学習権は子どもにある』ことを明らかにしました。

判決の立場，即ち，民主教育の立場で，子どもや教育を見，考え，行動するためには『民主教育を育てる』ことが大切だ。ひとりだけでなく，みんなで子ども

第1章　子ども・青年の発達疎外と学校教育

を教育を『こうしたい』『こうするんだ』ということを明らかにし，それを育てていくことが大切だということで，1970年から『民主教育を育てる会』になったのです。

　すべての子どもたちが，人間として尊重され，生きるよろこびにみち，ひとりだちできるように育つことを保障できるのは，親であり，大人としての私たちが中心とならなければなりません。

　今日まで，育てる会の活動についていくつかの中傷や非難もありました。しかし，私たちは，常に子どもに責任を持ち，子どもを育てる立場にたって考え合い，民主教育を発展させるために努力してきました。

　育てる会では，子どもの教育を学校という枠だけにとらわれず，子どもの成長発達にかかわるあらゆる教育問題をひとまとめにして，広い視野から見てきたのです。

　ＰＴＡと対立するのでなく，ＰＴＡ本来の活動を強めるはたらきもしています。

　社会的にも，管理やしめつけがますます強くなり，自分自身すらつかみにくくなってきている状況の中で，子育ては大変むずかしくなっています。しかし，私たちは，子どもたちが，みずから今の状況を自覚して，正しく生きていけるよう，共に育たなければならないと思います。

　即ち，事実を見つめ，事実を問題にし，事実に基づいて，真に自主的に考え，判断すること，なかまと一緒に考え，行動することを学んでいく（民主的な生き方）ように育てることが必要だと思います。」

　現在，中津川市中心地区の3地区をはじめ，4つの周辺地区に教育を育てる会が組織されており，それぞれが，200名から500名の会員を擁する独立の組織として自主的に活動を展開している。個々の会の横のつながりは「中津川の教育を育てる会連絡会」（機関誌『えなの共育』を定期発行）をとおして行い，「地域に根ざす教育をすすめる集会」活動，学校・教育のあり方についての「合意形成」，「私の教育課程」と題する教師の教育内容自主編成への参

9

加が共通の課題として追求されている。さらに，すべての会が，1974年発足した「中津川市教育市民会議」(市内のほとんどの教育・福祉機関の代表者，父母代表で構成される，学校教育に関する合意形成のための会議，主催は市教育委員会)に参加し，父母・住民の教育参加，教育自治を実質化する中心的な役割を追求していると言える。ちなみに，南地区教育を育てる会では次のような活動方針(82年度総会資料より)を設定している。

活動のめあて
　身近な問題を持ちよって，みんなで楽しく語りあい
　平和で生きがいの持てる未来に向かって
　共に育つことをめざします

活動の重点
　①気楽で楽しく話し合える小集会をつくりましょう。
　　親が楽しければ，子どももうれしい。
　　親が連帯して助け合えば，子どもも連帯の輪をひろげる。
　　親が本気で学習すれば，子どもも真けんになる。
　　みんなで，楽しくて勉強になるいい小集会をつくりだしましょう。
　②機会あるごとに楽しくよくわかる学習会を行いましょう。
　　子育てのむつかしさや生活の苦しさから抜け出て，明るい未来が見通すことのできるいい話や映画，その他の催しを積極的に取り入れましょう。
　③親子での対話がすすむような楽しい行事をつくり出しましょう。
　　「親子盆おどりの夕べ」のように，みんなの知恵を結集して，楽しい行事を考え出しましょう。
　④広い立場に立って交流活動を深めましょう。
　　小集会での交流活動を基本に，市連絡協議会の教育の集いや，全国親の集いなど積極的に参加して学習を深めましょう。
　⑤新しい会員の加入をすすめて，育てる会に活力をつけましょう。

中津川では，父母・住民と教師による教育集会・研究会が積極的に開催さ

第1章　子ども・青年の発達疎外と学校教育

れ，地域と生活と結びついた教育実践が集団的に追求されているのも，こうした教育を育てる会を中心とする熱心な活動によるところが少なくない。父母・住民と教師の連携・協力のなかで築かれた豊かな実践の蓄積を背景に，同市教育委員会では，次のような「学校教育の指導方針と重点[9]」を定めている。

　同方針では，まず「小中学校における問題の増加など教育上きわめて遺憾な事態を直視するとき」，「児童・生徒の実態に即し，父母・地域住民の教育要求をつかみ，その期待に応えるように，公教育の信頼を確立し，学校教育の方向を一層，確かなものにする必要がある」とし，「子どもを総体としてとらえ，全人的発達をめざすために」，「地域教育課題解決のために日々の実践に取り組み，児童・生徒の学力・体力・生活・人格づくりに向って切実なる問題意識をもって，ねばり強い教育活動が着実に進められることが望まれる」と述べ，以下の「重点」と「留意事項」を定めている。

　重　点
1　生活と科学の結合を重視し，教育や生活における基本的，基礎的な知識，技術の確実な習得をはかり，学力の向上につとめる。
2　子ども達の仕事や遊びを重視し，五感の自然な発達を促すと共に実生活への意欲的な取り組みをはかる。
3　子ども達の保健と安全を重視し，体力の向上をはかるとともに身（からだ），心（感情，感覚），知（知識，技術）すべての面での人間的な発達をはかる。
4　子ども達の全面的発達を重視し，学校・学級・地域における自主的・自治的な活動を組織し，自治と連帯のある生活の確立をはかる。
5　子ども達に日常生活における基本的行動様式を身につけさせ，道徳心の向上を重視し，道徳的実践の指導を徹底し，社会生活習慣の育成をはかる。
6　子ども達の内面を熟知した生活指導を重視し，子ども達の規律ある日常生活の確立につとめる。

留意事項

11

1 　教職員は，個人としても集団としても教育的力量を高める教材研究，授業研究を意欲的にすすめる。
2 　学校は校長を中心として全職員の共通理解をはかり，個性豊かな学校づくりをすすめる。
3 　全市的には，学力充実推進委員会を中核として，教育合意共通事業をはかるようすすめる。
4 　保・幼・小・中・高一貫性のある教育を創り出すために，関係職員の交流を深め相互の理解につとめる。
5 　あらゆる機会と，場において，父母・市民と協力をすすめ，地域の教育体制を創り出すようにつとめる。

　以上の方針のなかに示されているように，中津川の教育実践のなかでは「子ども・教材・地域」をつかみ，「学力・体力・生活・人格」をつくる，すなわち「三づかみ・四づくり」が基本方針とされ，そのためには「わかる，楽しい授業」「地域の人間・文化・伝統を生かした授業」を，「地域の親」との協力関係のなかで創造していくことが共通の目標として重視されてきた[10]。受験学力偏重の今日の教育体制のもとで，しかも「中津川の子どもの学力は県下最低だ」「地域・生活学習を口実に先生は手ぬき授業をしている」「学習指導要領にない生活綴方など学校でやる必要はない」といった批判が，ここ数年の「教育正常化」のなかで，なかば意図的に父母・住民の側から宣伝させられている状況で，上述の方針を教育委員会の学校教育方針に据えることを可能にしているのは，育てる会を軸に父母・住民と教師の強靱な連帯・協力と，そのなかで培われた父母・住民の教育民主化への熱意，さらにこれに応える教師の教育的見識・力量の高さ以外のなにものでもないと考えられる[11]。

(2) 名古屋市「天白子どもセンター」の地域教育運動と教育要求

　名古屋市天白区は、公営の賃貸住宅の比較的多い開発途上の住宅地で、近年勤労者世帯を中心に人口が急増しつつある地域である。それだけに教育・文化面での施設づくりや住民の活動の遅れがやや目立つ地域でもある。「天白子どもセンター」(以下、センターと略称)は、78年、「天白に住むすべての子どもの保育、教育、生活、文化をゆたかに」と願う天白区内の有志住民と子育て・教育、福祉にかかわる地域団体(地域婦人団体、文化団体、保育園・学童父母会、子どもの文化を育てる会、地域文庫、自治会等)の協力でつくられた組織である。

　センターは、発足以来、「子どもの現状をはっきり出し合い、正しくつかみ、問題を明らかにしよう」を第一の課題とし、地域の子どもたちの発達と教育の危機を懸念する父母・住民の要求を幅ひろく組織しながら、「夏・冬の子どもまつり」、「キャンプ」、「天白子育て大学」、「教育懇談会」、「中高校生問題を考える父母と教師の集い」等の活動に取り組むとともに、市職労(市職員)との交流・共同による図書館、社会教育センターづくり(建設地、建物の構造、施設運営のあり方について学習会を重ね、市当局へ要望を提起)に取り組んできた。

　近年では、センターの重点課題は、次の6点におかれている。そこには、父母・住民の子育て・教育へのさまざまな願いや要求が丹念に掘り起こされ、精細に吟味、集約されていると考えられる。やや長いが、以下センター総合資料から引用してみよう[12]。

① 天白区の子どもの姿を正しくつかみ、住民に問題を明らかにして、その問題解決のための具体策を出して、住民とともに子育て運動をすすめます。

・「天白子ども白書」委員会を発足させ、いま天白の子どもたちはどうなっているかを明らかにします。

・天白区の子どもの環境をしらべ、子どもたちの発達を保障するための一層具体的な政策づくりをし実践します。そのためにも親・子ども・住民・教師など子

育て要求を掘り起こし話し合います。
- 保育相談・保育こんだん会・教育相談・教育こんだん会や教育・保育のための学習活動を多く開きます。みんなで子どもや地域の現状を知りあう機会をつくります。
- 区内のさまざまな子どものためのおとなの活動や働きかけを全体としてつかみ，いい実践，たよりになる活動など，積極的な活動を知らせ，参加をよびかけます。

② 天白の子育て団体の活動交流と活動の強化をはかり，子育て運動にかかわる住民の輪をひろげます。
- おとなの子育て団体としての力量・組織を大きくするため，交流会・研究会・共同の行事などを通して，そのすそのの広い・長つづきのする活動を奨励します。
- 区保協づくり，サークルづくり，要求に基づく子育て団体をさらに育成し，さまざまな分野での活動が区内に展開されるよう働きかけます。
- 全国各地の実践や資料をできる限り集め，区民にも利用できる方法を考えた資料センターづくりをすすめ，団体・個人・地域住民の要求にこたえます。

③ 天白の子育て環境を保障する住民の要求を実現する運動に力を入れます。
- 天白区に必要な子どもの広場・遊び場・子どもの家・グランドなど未来計画をみんなで考え，行政への要請，住民組織との合意，実現行動などをすすめます。・保育・教育・文化での助成獲得や活動しやすい条件の拡大など単位団体と共に区民の声を集め，実績をつみかさねていきます。
- 学校・幼保・児童館・図書館・プール・社教センターなどが住民の声を受け，住民に真に役立つ活動をするよう働きかけるよう必要な調査・研究・要請をしていきます。

④ 自主的・民主的少年少女組織を育てるために，"遊び・仲間・夢"を天白区すべての子ども対象にひろげていきます。
- 楽しく生き生きと活動する少年団，地域子ども会をたくさん育てます。だれも

が取り組めてやりがいのある子ども会・少年団育成・活動の手引きを作ります。
- 夏・冬の天白子どもまつりや地域毎の子どもまつりが一層さかんになり，一日の集いから日常的活動のできる子ども会・少年団・サークルを育てます。
- 子ども会・少年団の父母会や育成会づくりを進めたり，青年学生指導員の参加をすすめたり，学童保育OBの組織づくりに力を入れます。

⑤ 住民の子育て能力を高め，区民の教育力を高めるためにあらゆる機会・あらゆる区内の地域で天白子どもセンターの活動をひろめます。

- 今年から天白社教センターも開館します。まず，おとなの子育ての力をしっかり育てることをすすめます。0歳から20歳までの子どもをいつも考えて，家庭・学校・地域相互で子どもの育ちあいを保障する。どこでも・だれでも・どんなことがらでも力を出せるおとなが一人でも多くなるために合意をひろげます。
- 天白子どもセンターが，住民に「あてにしてあてにされる」存在になるには住民の信頼と天白子どもセンターの実績が大切です。日常の活動の中で"連帯・感動・自立・学習・展望・自覚の場"を積極的に生み出す努力をします。

⑥ 天白子どもセンターの強化拡大は，以上のことを実現していくうえで基礎となる課題です。安定した組織，いきいきした活動を強化します。

- 協議体である天白子どもセンターです。個々の団体や個人会員を中心に住民にいつも開かれたよくやってくれる組織になることが期待されています。団体も個人の会員も大いに安心して頼れる天白子どもセンターにします。
- 機関誌「天白子どもセンターニュース」の発行，普及の体制を抜本的に改め，区内の子育てのようすが区民に明らかになるよう努力します。また，事務局ニュースも含め宣伝・研究・広報・交流・組織に役立てます。
- 財政活動も今まで順調に来ましたが，日常活動のできる事務所をもち，常駐や専従のある活動の可能なところまでがんばります。

こうした活動の目標課題から明らかのように，センターは，まさに文字ど

おり「地域にねざした地域ぐるみの保育・教育・文化をゆたかにする運動」（「天白子どもセンター運営要項」）の地域的拠点として精力的な活動に従事していると言える。さらに，こうした地域ぐるみの教育運動に取り組むなかで，「しっかりと大地に足をおろして立つ乳児期。人と物に働きかけ，夢中で遊び回る幼児期。仲間をつくり，仲間と共により高い目標に挑戦していく少年期。こうした道程で獲得した多面的な能力と意欲をさらに開花させ，個性をみがく思春期。さらに社会的自立と連帯への準備を加え，生きがいと社会的進歩を結合させる青年期」と子ども・青年の発達課題をとらえ，こうした発達課題を正しく解決することができない現行の「切り捨て・おちこぼし」の「ゆとりと充実＝管理統制・差別の教育」から，「基礎学力の充実・低学力の克服，民主的集団活動，体力，市民道徳」を育てる「平和と民主主義の教育」への質的転換を要求するに至っている。

　以上のように，中津川の場合は，父母・住民と教師の緊密・強固な連携のなかで，生活綴方を基軸に地域・生活ときり結ぶ，父母・住民の教育要求に根ざす民主的な学校づくりの実践が，困難な状勢のもとではあるが，まさに地域ぐるみで模索されているといって過言ではない。他方，天白の場合，学校民主化よりむしろ地域の子育て・教育力の回復・強化のための環境・条件づくり，すなわち子どもの発達環境としての地域づくりに活動の力点がおかれてきたといってよい。しかし上述のように，こうした地域教育運動のなかから，今日の学校教育の基本的なあり方への批判と抜本的な学校改革への要求がするどく提起されるに至ったことが注目されよう。

　以下では，これらの先進的な実践に学びながら，地域の教育力回復のあり方については別稿にゆずることとし，主に父母・住民の要求する民主的学校づくりの諸課題に焦点をおいて考えてみたい。

3　子ども・父母の教育要求に応える学校づくりの課題

　一般に父母の教育要求は多様であり，「わが子可愛さ」の本能的，自己中心的と思われるものも決して少なくないように考えられる。しかし，一見本能的，自己中心的な要求と思われるものをふくめて，父母のさまざまな教育要求を貫く基本的な要求は，子どもたちが将来，社会で一人前の仕事をし，自立した生活を営むことのできるように人格や身体や学力を育ててほしいという，いわば子どもの人間的な全面発達への要求に集約されないであろうか。

　とすれば，こうした教育要求に応える学校はどうあるべきであろうか。前述の中津川と名古屋・天白の教育運動は，父母の教育要求を丹念に掘り起こし，それらを共通の要求として集約するなかで一層とぎすまし，現行の学校をめぐる問題状況の克服をめざした民主的な学校像を創出させるに至っている。ここでは，これら二つの地域教育運動に学びながら，父母の教育要求に応えうる学校のあり方とその実現のための諸課題について論じてみよう。

(1)　子どもの人権と人間的発達の保障

　子どもの人権と人間的発達を保障するためには，まず第1に，子どもの人間としての基本的な願い・要求から出発することがなによりも学校（教育）の大前提であることが確認されなければならない。かつて小川太郎は，人間の共通の基本的な願いを次の6点に集約し，「学校教育は，そのすべての活動を通して，子どもたちの中に，これらの願いをたくましく育て，それの自覚に導くことを基本的な課題とする」と述べた[13]。

　1　健康に安全にいのちを全うしたいという願い
　2　もっと豊かにゆとりのある生活をしたいという願い
　3　人間として生まれもった諸能力を伸ばしたいという願い
　4　自由でありたいという願い

5　人間として同じく認めてほしいという願い
6　これらの願いをみんなの上に実現したいという願い

　これら6点の人間の基本的な願いは，それらを自覚化し，実現することがますます困難にさせられている今日の子ども・青年にとっては，一層切実なものとなっていると言わなければならない。冒頭で述べた子どもたちのさまざまな発達疎外は，まさに人間への管理と抑圧が拡大・強化され，人間としての基本的な願いを充足することを困難にさせている現代社会の投影としてとらえなければならないが，それだけに彼らの現象的な表現・行動形態をこえて人間的発達が遮られていることへの苦悩をつかみとり，彼らの真の願いを探りあてることは，学校でのすべての教育活動の前提とされなければならないであろう。より具体的には，子どもたちに，人間的に生きたいという願いを自覚させ，彼らの生活のなかで，それを実現するためのいくつかの要求にとぎすましていく。その過程は，民主的な仲間・集団づくり，共通の目標や規律づくりの過程でもあるが，そうした過程で子どもたち一人ひとりの生きる意欲，学ぶ意欲をゆすぶり，高めていくことが必要である。

　とりわけ現代の「受験」体制下の中学校教育においては，間近に迫った高校入試に対応せざるをえず，じっくりと広い角度から長い目で子どもを観察し，指導することが容易ではなく，ともすれば彼らの人格や学力を近視眼的に判定し，評価しがちである。とすれば，子どもたちのなかに潜在するさまざまの可能性や発達の芽を早々に摘みとってしまいかねない。それゆえ，まず，すべての子どもたちに存在する人間的な願いや発達の可能性こそ，学校教育のなかで最重視されなければならないという自明のことをあらためて確認したい。子どもたちの人権と人間的発達を保障する教育は，まさに，「子どもたちの人格に対する畏敬の思いと未来へ育つ彼らの可能性にたいする信頼なしにはありえない[14]」からである。

(2) 「選別」と「競争」から「選択」と「共同」へ

　今日の学校教育を支配する能力主義的な考え方は，現存の社会秩序の維持・発展の観点から，人材の発見・選別・配置を効率的に行う社会的人材選別機能を学校にことのほか要請する教育政策の所産に他ならない。熾烈なテスト競争とそれによる子どもたちの排他的な自己中心性，他者との共同・連帯感の欠如等の人格・感性の発達のゆがみは，こうした選別の教育がもたらす自然の結果である。このような選別と競争の教育原理は，人間としての願いや人権の尊重の観点に立つ教育には決定的になじまない，異質の原理である。なぜならば，人間は文字通り他者と連帯し，仲間と共同・協力し，ともに生きながら，仲間や集団のなかで人間として成長・発達する存在だからである。さらに子ども・青年が充実した人生を自ら切り拓き，人間的な生き方を選びとっていくためには，自らの意志とはかかわりのないところで，他律的に一定の進路選択を余儀なくする現行の進路決定のあり方を変更し，彼ら自身の主体的な進路選択をいかに保障するかということこそ現代学校教育の喫緊の課題といえよう。

　こうした人間的な発達と進路選択の保障のためには，既存社会の秩序維持の論理に立つ「選別」と「競争」の原理から，子どもの人間的発達の論理に立つ「選択」と「共同」の原理に，学校教育を貫く支配的な原理が転換される必要があろう[15]。そのためには，入試制度をはじめ，中学・高校さらに大学等をもふくめて，制度・政策上の抜本的な変更・改革が不可避であることは言うまでもない。とりわけ，中学校教育の荒廃を除去し，当面の子どもたちの発達疎外を克服する抜本的な方策としては，高校三原則（総合制，小学区制，共学制）復権の方向で制度改革を模索し，断行することが基軸にすえられなければならないと考えられる。

　しかし，選別の原理に立つ現行の教育制度の枠のなかであれ，問題状況を克服するための日常的，実践的な努力を積み重ねることなく，制度改革・政策転換をいたずらに手を拱いて待つのは正しくない。むろん，教育政策への

批判・要求の組織化，そのための運動の一層の広汎な発展が期待されるが，他方，さまざまな困難な状況が存在するだけに，むしろ抜本的に政策変更にいわば内側から迫りうる実践や運動をどう着実に拡大・深化していくか，日常の教育実践のなかで「選別」にかえて「子どもの発達の可能性」の原理をどう最重要な原理としていくかという問題こそ，父母の教育要求に応えうる学校づくりの課題と言えよう。

(3) 子どもの人間的発達と教育課程の自主編成

前述のように，学校への父母の切実な期待は，究極的には子どもが社会で自立して生きていくうえで不可欠な人格，学力および身体的諸能力の発達に集約することができる。ところで，今日の社会体制下の学校においては人格と学力の教育が分断されており，両者が統一的に結びつけられた形で展開されることを困難にしている[16]。とくに，人文・社会科学や芸術に関する諸教科では，いわゆる「公民性」すなわち現存の国家，社会秩序への子どもたちの編入を意図した価値観形成が企図されていることによって，人間や社会に関する科学的な学力と知性の確保をかえって阻害する結果になりかねない構造をもっているといえよう。こうした人格と学力の教育の不統一性を是正・克服することができる教育課程を，しかも教師（集団）の自主性・主体性のもとでどう編成するか，これが子どもの人間的発達を保障する学校づくりの第3の課題に他ならない。

こうした教育課程の自主編成のためには，第1に，今日まで人類が切りひらき，蓄積してきた科学・文化の体系や論理を重視し，子どもの発達段階・発達の順次性に即して科学・文化の基礎内容を再構成することが必要である。科学の論理と発達の論理の結合・統一を前提とする，いわば教育の論理に依拠した教育課程が編成され，こうした教育内容をもとに，子どもたちの自然や社会に対する科学的認識と科学的世界観を育てる授業が展開されなければならない。

第2に、「地域の生活現実（自然と歴史を含めて）にきりこみ、これを教材化すること」「地域住民の生活現実、そこにひそむ願い、要求を教育的価値として位置づけていく教育の確立[17]」をめざすことである。子どもたちのなかに、抽象的・観念的な学力・知性ではなく、現実の生活に生きて働く、まさに「生活知」（村山俊太郎）ともいうべきリアルな学力・知性を育て、定着させるためには、地域・生活（とくに労働）すなわち、いわば「生活台」と教育の結合は不可欠の要件といわなければならない。とりわけ、そのさい生活綴方は家庭・地域・学校での生活現実をありのままつづることを通して日常生活に内在する諸事象の経験的認識を拡大するだけでなく、自然や社会にたいするより科学的な認識の深化・発展に寄与するところが少なくない。さらにまた、生活綴方は「それ自身の中に人間を人間的に結合する方法を本質的にふくんでおり[18]」（傍点は原文どおり）、子どもたちの仲間・集団の民主的形成にとって有効な方途であることは言うまでもない。

それにしても、個々の教科内容を消化することだけでも精一杯の今日の教育体制のなかで、子どもたちの生活（労働）経験を豊かにし、教科指導と生活指導のすべての教育活動のなかで、それを彼らの発達の契機や土台としていくことは至難のことであろう。しかし、仲間や集団や社会に開かれた人格と科学的な世界観や認識能力に裏うちされた真の学力を子どもたちの中に育てていくうえで、地域・生活（労働）に内包される教育的価値の着目と追求は欠かせない要件の一つと言わなければならないであろう。

第3に、自主的・自治的な集団形成と民主的な規律づくりを子どもたちにどう保障するかという問題である。冒頭で述べたように、管理主義的な指導体制のもとでは、生徒会・学級会等の自治的機能は希薄化、ないしは形骸化し、修学旅行・運動会・文化祭等の行事の企画・運営への生徒参加は十分に保障されているとはいえない。子どもの人間的発達の観点からみるなら、学校生活において彼らの集団の自立と権利が剥奪されていることはきわめて由々しい事態と言わなければならない。

子どもたちの共有する規律は，班，学級，全体の各レヴェルでの民主的・自治的集団づくりのなかでつくられるべきである。生徒会，学級会，各種課外活動等の諸活動は，彼らにとって集団づくり・集団活動のなかで，いわば民主主義を自覚的に認識し，実践する主体的な力量形成のための格好の場である。集団づくりをとおして，自他の諸関係が豊かにされ，自己の存在が仲間に認められ，仲間の存在が自らにとって不可欠のものとされることによって，他者・仲間への思いやり・共感といった他者と自己の双方に開かれた人間的な感性が育つであろうし，科学・文化の基礎の学習と結びつけられることによって社会のなかで仲間とともにどう生きるかという，社会にひらかれた自己の生き方，生きる意欲がよびさまされ，さらにそれが学習目標を明らかにさせ，学習への意欲を育てることへと連動していくにちがいない。子どもの人格づくりは言うまでもなく，正しい意味での学力づくりにとっても，民主的な集団づくりと集団の自治的活動は不可欠と言わなければならない。

(4) 学校運営の民主化と父母の教育参加

　以上のような，子どもの願いと父母の教育要求に応える教育実践の成否は，究極的には，教師（集団）の積極的，主体的な指導性，言いかえれば教師自身の生き方と教育的力量にかかわっているといってもい言すぎではない。さらに教師自身がより充実した生き方を追求し，教育的力量を高めていくためには，教師自らが「管理された」状況から自己を解放し，自主的・自治的な集団づくりに取り組むこと，すなわち教師集団の民主的形成，その自主性と自治の確立が不可避的な課題と考えられる。上意下達機関に堕した職員会議から，一人ひとりの教師の言論の自由と教師集団の自治の原則に立つ最高議決機関としての民主的な職員会議への変更である。言いかえれば，差別的な職階制度のもとでなかば企業経営化され，強圧的な管理体制のなかで実質的に職員自治を無視した今日の学校運営のしくみにかわって，すべての教師が学校運営に主体的に参加する体制が構築されなければならない。これが第1

の課題である。むろんこうした改革は現況では容易に実現できることとは考えられない。しかし，地域・学校での父母・住民と教師の結合・協力が拡大・深化し，かつ，これと連動しつつ学校内の現状克服を模索する教師の連携と集団づくりが，たとえ一歩一歩でも着実にすすめられるならば，現行の困難な条件に満ちた状況のもとではあっても，個々の教師が分断・孤立化された現状を変更し，変革しうる可能性は決して閉ざされてはいない。

第2に，学校運営民主化のためには，教師集団の自治を前提とする学校運営への主体的参加とともに，父母・住民の連帯と学校参加をどう実現するかが重要な課題である。父母・住民の連帯と学校参加は，教育の住民自治を確立し，地域に開かれ，地域・住民の生活に根ざす学校づくりにとって欠かすことのできない要件に他ならないからである。父母・住民が，学校のあり方を自由に論議し，かつ，合意を形成する機会を地域の状況に即して多様に創出・拡大し，そこでの合意を学校運営や教育実践の方向づけに反映させていくことによって，学校自治における父母の正当な位置づけを確保し，教育の住民統制・住民自治の原則の実質を創造し，発展させていくことができないであろうか。

第3に，以上の第1，第2の課題の実現を展望するうえで不可避と考えられる課題として，父母（集団）と教師（集団）の緊密な連携を協力の必要性を指摘しないわけにはいかない。この課題を考えるうえでＰＴＡの現実をどうとらえ，学校民主化に果たすその可能性をどう認識するかという，重要な問題を避けて通ることはできない。すでに久しい間ＰＴＡは教育行政機関と学校（校長・教頭）の主導のもとで，教育の条件整備の貧困を補完する学校後援団体的性格から脱却できないまま，本来の父母と教師の「聡明な連帯」の役割を取り戻すことができない状況にある。

むろんこれはあくまでも一般的な状況であり，総会・学級懇談会の民主化等，ＰＴＡ自己変革の各種の試みや運動が存在しないわけでは決してないし，現状を変える可能性が閉ざされているとは考えられない。むしろ現行の教育

体制のなかで，ＰＴＡそのものの可能性への否定的ないし消極的評価が学校民主化の必要性を自覚する父母のなかにさえ少なからず先験的に存在していることも，ＰＴＡ変革の運動の拡大を阻止している一要因といえなくない。困難な条件が少なくないが，ＰＴＡ再生の地道な運動は，当然のことではあれ，これまで以上に着実に広められ，深められるべきである。父母と教師の，まさに対等の立場に立つ連帯創出のためのこれまでの努力はねばり強く継承され，発展させられなければならない[19]。それと同様に，ＰＴＡを超えて，子どもをもつ父母だけでなく，就学児をもたない住民をもふくめ，父母・住民と教師が連携・共同し，地域・生活ときりむすぶ子育て・教育運動を展開することの必要性を指摘したい。こうした地域教育運動のなかで，父母・住民と教師が共同の学習・実践に取り組み，子どもの生活・発達・教育の実態と問題を的確に探りあて，家庭・地域・学校での子育て・教育のあり方についての共通の認識をつくっていくことが今日ほど痛切に求められているときはないからである。

4　問われる教師(集団)の指導性　——まとめにかえて——

　子ども・青年にとって，家庭・地域・学校という３つの主要な生活・発達環境のなかで，現代の子どもたちの発達のゆがみ・疎外の主要因が学校のありように求められなければならないことは繰り返し述べてきたとおりである。しかし，学校行政・学校関係者がこのことを是認することは，自らの施策や教育活動の失敗を告白することにつながる。したがって，学校教育の責任ある地位にある人々は，子どもの発達のゆがみ・疎外の問題をなるべく当該の子ども自身ないしは子どもの家庭や親の問題等，個人的なものとして論ずる傾向がなくはない。そこに問題の基本的解決を見出しえない理由の一つがある。
　今日の教育の荒廃は，選別が強要される中学校段階に集中していることはすでにみた。人格や学力や身体の発達疎外の中学生への集中化現象は，つき

つめればこうした差別的な選別のありように帰着する。それゆえに，問題の抜本的解決策は高校・大学の入試制度，中学・高校の接続関係，高校教育の義務化等，学校制度全般に及ぶ制度・政策上の改革に求められなければならないことは言うまでもない。こうした基本的な解決策の必要性をあらためて確認しつつも，一方教師（集団）が父母・住民との連携・連帯を強めていくなかで，地道に教育実践を蓄積していくことによって，いわば内側から現行の選別政策の変更を方向づけていくことの必然性をここではことのほか強調してきた。

　折しも，かつて逮捕者30名の大型校内暴力を経験し，荒れに荒れた三重県尾鷲中学校は，3カ年におよぶ全力を尽くした実践のすえ，いま活気ある学校に再生しつつあるという。職員会議での徹底的な討論が重ねられ，まとめられた同校の5つの指導方針——集団づくりを学校再建の柱に——とは，①「生徒が主体的，自治的に活動する生徒集団を育てる」，②「低学力の克服，わかる授業の創造」，③「部活動に積極的に取り組む」，④「教師の指導力量を高める」，⑤「父母との協力体制の強化」である[20]。これらは，いずれも父母の正当な教育要求に応える中学校教育の課題でもある。しかしそれにしても，教師の指導性が，そしてまた，教師の指導性が十分に発揮されるための民主的・自立的教師集団とその過程での一人ひとりの教師の自己改造とさらに父母との連帯・協力が，問題の解決にあたっていかに基本的な要件であるか，尾鷲中学校の取り組みはこのことを如実に示しているといえよう。

　いま子どもたちにふりかかっている差別，すなわち自由・平等・人権への侵害に教師自身が激しく抗することなくして，今日の学校の閉塞状態はまちがいなく打開できないであろう。教師の生き方・自己変革が問われるゆえんである。教育という，子どもを豊かな人格主体に変革する営為は，教師自らが豊かな人間に変革されることなしにありえないといっても極言ではない。

注

(1) 警察庁『犯罪白書』1983年度版，大蔵省印刷局。

(2) 日本子どもを守る会編『子ども白書』1983年度版，草土文化。川上康一『レポート・子どものこころとからだ——恵那の教育実践——』1979年，あゆみ出版等参照。

(3) とりわけ校内暴力では学業成績が下から三割という者が85.1%とされていることから考えるならば，学力問題の重大性は看過されてはならない。岩井弘融「少年犯罪——病める社会の鏡像——」『世界』1981年12月号，岩波書店，参照。

(4) たとえば，文部省『児童の理解と指導』（小学校生徒指導資料Ⅰ）1982年，同『生徒の健全育成をめぐる諸問題——校内暴力問題を中心に——』1982年，等にその傾向が顕著である。拙稿『発達の可能性としての子ども理解』『特別活動研究』1982年11月号，明治図書，参照。

(5) 『世界』1982年7，9月号，の鎌田慧論文，宇治芳雄『禁断の教育』1981年，汐文社，同『虚構の教育』1983年，等。

(6) 有賀幹人「まかり通る七つの大罪——子どもと親の悲鳴は聞こえないのか——」『教育の森』1983年2月号，毎日新聞社。

(7) 竹内常一『生活指導の基本問題・下——学級集団づくりの方法と課題——』1980年，民衆社，59頁。

(8) 「地域に根ざす教育と教育会議」『教職理論研究』第7号，1982年，岐阜教職理論研究会，榊達雄編『教育「正常化」政策と教育運動』1980年，福村出版等参照。

(9) 『中津川市の教育』（昭和57年度）中津川市教育委員会。

(10) 『中津川市教育調査』1982年，名古屋大学社会教育研究室。『文化学園都市づくりをもとめて——中津川市社会教育調査報告』1983年，中津川市教育委員会。

(11) 渡辺春正「恵那の教育・私の40年」『教育実践』1982年夏季号，民衆社。

(12) 『地域ぐるみの子育てをめざして』（天白子どもセンター総合資料）82年度。

(13) 『小川太郎教育学著作集』第6巻，1980年，明治図書，33頁。

(14) 宮田光雄『若き教師たちへ』1983年，岩波書店，49頁。

(15) 第二次教育制度検討委員会（日教組）編『現代日本の教育を考える』1983年，勁草書

房，92－93頁。
(16)　『小川太郎教育学著作集』第1巻，1979年，明治図書。
(17)　川合章「地域に根ざす教育」，日本民間教育研究団体連絡会編『教育学基礎理論講座』1980年，教育史料出版会，126頁。
(18)　小川太郎『教育と陶冶の理論』1966年，明治図書，141頁。
(19)　全国ＰＴＡ問題研究会の全国研究集会では毎年，多くの実践報告が行われている。愛知・名古屋のＰＴＡの現状分析については，新海英行・望月彰「ＰＴＡの現状と課題──愛知の調査から──」『名古屋大学教育学部紀要』第33巻，1987年を参照。
(20)　川上敬二『校内暴力の克服──絶望から希望へ──』1983年，民衆社。

参考文献
・生活綴方恵邦の子編集委員会編『恵邦の生活綴方教育』1982年，草土文化
・堀尾輝久『人間形成と教育──発達教育学への道──』1991年，岩波書店
・楠原彰『南と北の子どもたち──他者・世界へ──』1991年，亜紀書房

第 2 章　生活指導の到達点と課題

1　問題の所在

(1)　四無主義

　授業中ノートもとらずただぼんやり前を眺めている生徒。「自分のノートをまとめながら考えてみたら」と声をかければ、「めんどうです。まとめた本を売ってますよ」という答え。計算問題が出されると誰かが答えを出してくれるのを待っている。考え方をいろいろ説明していると、「先生、答えは？」としびれをきらして結果をはやく知ろうとする。学級でなにか役や係をきめようとするとき、どんな役があり、クラスの仲間のためにどんな仕事をしたらよいか話し合ったうえで立候補制できめようということになると、「くじびきでさっさときめちゃおうよ。」作文を書きなさいというと、即座に「何を書けばいいんですか。書くことありません。」クラブを辞める理由が「たいへんだから。もっと楽に自由に生活したい。」学級対抗球技大会のさい、「オレの出番すんだから帰るよ」と仲間が一所懸命やっているのに帰りじたくをはじめる生徒。話し合いを深めようと時間をかけていると、「いいじゃないかどうでも、はやく終わろうよ。」教室の床に落ちているゴミを蹴飛ばして歩いている生徒に注意すると、「このゴミ、ぼくが落としたんじゃないんです」と拾おうとしない。注意を受けると、簡単に「すみません。」どれだけ身についたか点検するためテストをしようとすると、「これ、成績に関係あるんですか」と、

29

必ず問い返す。

　以上のような反応は，今日のわが国の学校の日常生活のなかで数限りなく出されている。ある報告（『現代中学生白書』）は，中学生自身が半分の中学生は気力がないことを認めており，連帯感についても同様であり，さらに責任感にいたっては，無責任なひとは少ないと断言しているのはわずか10％強で，90％は「半分以上のひとは無責任」だと中学生自ら告白している，と述べている[1]。

　このような無気力，無責任，無関心，無感動，いわゆる「四無主義」という状況は中学校や高等学校は言うまでもなく，いまや小学校にまで及んでいる。それは，いわば学校生活における子どもの発達疎外の現象形態であり，彼らの人格形成の歪みの端的な表現と考えられるだけに，問題はきわめて深刻と言わなければならない。

(2)　二つの元凶

　では，何がこの四無主義をつくったのか。現代の子どもから，学習や遊びや生活に対する生き生きした意欲，学習であれ遊びであれ，仲間と共同して積極的に問題解決にあたるはつらつとした態度を奪ったものはなんであろうか。

　その基本的要因は，次の2点に求めることができよう。第1の要因は，高度成長経済政策下で展開された地域開発政策である。住民不在，企業優先の地域開発は地域を変貌・破壊させただけでなく，その影響は家庭にまで及び，地域と家庭の固有の教育力は大きく後退を余儀なくされた。子どもは自分に試練を提供してくれる自然を奪われ，生産労働を媒介とした人間的交わりから隔離され，そして地域の自主的遊び仲間（集団）を失った。彼らは自然や仲間に対する活発なはたらきかけの機会を喪失することによって，自立的な自己形成の機会を確保することができず，幼児のような自己中心性を払拭しないまま成長することを余儀なくされているのである。

第 2 章　生活指導の到達点と課題

　第2の要因は，能力主義教育政策である。教育を国民の幸福のためというより，むしろ，国の経済発展に奉仕させようという基本理念によって貫徹された能力主義教育政策は，子どもを差別と選別の学校体制のなかにとじこめ，豊かな人格の成長・発達を可能とする学校教育を十分に保障しなかった。とりわけ，異常な受験競争のなかで過剰な知識教育，しかも知育・徳育・体育の3領域が必ずしも有機的に統一されているとはいえない状況のなかで展開されている注入主義・暗記主義偏重の知識教育は，子どもの人格形成を阻害する重大な障害となっている。こうした傾向は，彼らの学校生活にとって――そして言うまでもなく彼らの人格形成にとっても――不可欠といえる自主的な自治活動を矮小化している。おおむね中学校や高等学校では高学年になればなるほど，生徒会やクラブ活動といった教科外活動は，教科の学習の支障をおこさないかぎりでしか行われていないというのが実態だといったら，言いすぎであろうか。
　四無主義に象徴される現代の子どもの発達疎外の現象は，以上の2つの要因のいわば相剰作用の結果として形成されたものと考えることができる。
　言うまでもなく，こうした由々しい事態は放置されるべきではない。問題の解決のためには，こうした諸政策の批判的検討のうえに立って，教育現場の教師たちを中心とする教育民主化のための地道な実践がいっそう広められ，深められることが期待される。とりわけ，今日そうした教育実践の最も重要な部分と考えられる，上述の子どもの発達疎外を克服し，未然にこれを阻止するための「生活指導」にかかわる教育実践をよりいっそう充実・発展させなければならないときに当面していると言えよう。
　本章では，以上のような課題意識に立って，生活指導を，主として教科外領域における子どもの生活の指導を対象とし，その自主的な集団の形成をとおして，彼らの人格の成長・発達をはかることを志向する教育実践ととらえ，生活綴方運動を継承・発展させつつ，独自の教育実践を展開してきた集団主義的生活指導（運動）を中心に，その発展過程を跡づけ，その基本的な考え

方や課題を明らかにしたい。

2　生活綴方的生活指導の生成と発展

(1)　生活指導の歴史的性格

生活指導の歴史的性格について，宮坂哲文は次のように述べている。

　「生活指導は戦前からの日本の教育遺産であるとともに，戦後における民主主義教育の一貫した基盤となったものであり，かつまたそのなかから生み出された輝かしい理論的実践的成果でもある。それは，子どもおよび子ども集団の生活現実に直接的に迫る教育として，戦前戦後を通じて，子どもにおける人間疎外の問題にたいする独自な教育的アプローチとしての特質をになってきた。人間疎外の問題事態にどのような次元で，どのような角度でせまってきたかという点になると，それぞれの時期と運動の系統によってさまざまな相違が見出されるにしても，人間疎外の現実が社会体制の諸矛盾として不断に生み出されている日本近代社会においては，生活指導は，つねに不可避的に，人間疎外の現実にあたらざるをえない。それは子どもたちの主体的現実にじかに迫るという，教育における生活指導の仕事の固有の方法に由来するものだということができる。[2]」

宮坂が指摘するように，民間教育運動のなかで生成・発展してきた生活指導という独自の教育実践は，まさに戦前，戦後のそれぞれの時代における「子どもにおける人間の疎外の問題」，言いかえれば，教育における子どもの疎外の問題に対する主体的対応を示してきたといえる。したがって，それが「戦前，戦後の民主主義運動の実践的原動力[3]」として果たしてきた一定の役割を見逃すことはできないであろう。

以下，生活指導の今日的課題を導き出すために，その歴史的生成・展開過程を跡づけ，歴史的系譜を明らかにしたい。

(2) 生活指導概念の誕生

　生活指導は，大正デモクラシーが一世を風靡し，新教育運動が最も昂揚した大正後期の民間教育運動のなかで生成した概念である。その嚆矢(こうし)は，鳥取県の教師，峰地光重の『文化中心綴方新教授法』（1922・大正11年）と言われているが，その後，生活指導ということばは主として二つの領域で用いられた。その一つは，大正後半期から台頭した自由主義的ないしは自然主義的リアリズムの綴方教育運動のなかで，子どものありのままの意識や感情，ありのままの自然としての子どもの主体的現実を指導の対象とするものとして，その二つは，自由主義的な私立学校運動のなかで，野性的存在としての子どもの遊びの生活の指導を意味するものとして生活指導という概念が用いられた[4]。

　これらはいずれも在来の形式化した訓練に対して子どもの生きたありのままの姿から教育を出発させようとしたという点で共通の動機をもっていたが，前者は綴方教育によるものの見方，考え方，感じ方の指導という方向へと展開し，教科および教科外の領域にわたる思想，態度，価値観の教育となり，後者は，教科外における子どもの自然生活やクラブ的交友生活の指導ないしは学級文化運動の方向と子どもたちの自主的集団活動と集団組織化をめざす集団主義教育の方向を志向した[5]。

　ここではまず，とりわけ生活指導理論を数多くの優れた実践をとおして鍛えあげていった生活綴方的生活指導の発展の状況をたどってみよう。

(3) 生活綴方と生活指導

　綴方教育のなかで生活指導ということばが用いられた当初においては，それはたんに優れた綴方を書くための手段にすぎなかった。すなわち，優れた文章を綴ることができるためには，なによりも「豊かな，広く，深い生活」を体験するように指導すべきであると考えられたのである。まさにそれは表現のための生活指導論に他ならなかった。

しかしながら，大正末期より昭和初頭にかけて，空前の経済恐慌が相つぎ，農村の著しい窮乏化，農民・勤労者の生活の極度の貧困化のなかで，綴方教師の多くは子どもたちに現実の生活の諸問題を自ら表現し，認識し，打開していくことを可能とする能力を育てる実践の必要性を実感するようになり，ここに生活綴方運動が誕生した。

まず，1929（昭和4）年10月，高知の教師，小砂丘忠義らによる雑誌『綴方生活』が創刊され，「子供の眼を環境に，集団に，見開かせんがための」「教育生活の新建設[6]」がめざされた。さらに，1930年代に入って教育体制のファッショ化がいっそう顕著になっていくなかで，1930（昭和5）年，雑誌『北方教育』が北方教育社を中心に創刊され，東北の生活綴方教師を結集して，いわゆる北方性教育運動が展開した。1935（昭和10）年，雑誌『生活学校』が新たに発刊され，この運動は飛躍的に発展し，山形の村山俊太郎をはじめ秋田の佐々木昻，岩手の相崎栄，宮城の鈴木道太らによって，貧しくきびしい東北農村の生活のなかで子どもたちがいかなる状況にあってもたくましく生きぬいていける強く，旺盛な「生活意欲」をもち，現実を変革する方法を弛むことなく追求できる「生活知性」を備えた人間に育っていくための教育実践が，困難な諸条件のもとでこころみられ，かつそうした教育実践の理論的深化がめざされたのである[7]。この生活綴方による生活指導，すなわち文章表現によるリアルな生活認識の指導によって「生活意欲」と「生活知性」の形成を志向した生活指導論こそ，戦前の民間教育運動の残した最も貴重な遺産の一つと言えよう。

3　集団主義的生活指導への転回

(1) 生活綴方の再興

戦後，アメリカからガイダンスの理論と技術が導入され，文部省による普及・啓蒙がはかられ，一時期いわばガイダンス・ブームをつくった。ガイダ

ンスははじめ「指導」と訳されたが，のちに「生活指導」という訳語に変更された。ガイダンスは，戦後日本社会の生活現実から子どもの当面の問題を堀り起こし，それをもとに現実を新しい人間関係に再組織するという指導を欠き，おおむね既存の生活への順応に堕したという限界を否定することはできないが，学校生活においてはあくまでも子どもこそ主役であり，教育は子どもの主体的な成長を助長することであるという，戦前の権威主義的教育観を超克する教育観を普及したという点で，重要な役割を果たしたと考えられる。

こうした，主として上からの啓蒙的活動を軸に展開された生活指導論とは別に，戦後の荒廃と混迷のなかで，教師自らの力で，やがて体系的な生活指導論を生みだす先駆となったいくつかの優れた教育実践が創造された。

その一つは，石橋勝治を中心とする東京四谷第六小学校の実践である。社会科と自治会活動を中心とする学級経営として取り組まれた石橋の実践は，子どもの生活現実を正しく観察し，子どもの願いを把握し，子どもたちが生活に主体的に取り組むための自治会を組織し，組織の力によって問題を解決させるというものであった[8]。

いま一つは，無着成恭による山形県山元中学校の実践である。貧しい村や家の「現実の生活について討議し，考え，行動までも押し進めるための綴方指導」，「生活を勉強するための，ほんものの社会科をするための綴方を書く」教育が青年教師・無着によって実践された[9]。そこには，戦前の生活綴方教育運動，なかでも北方性教育運動の伝統が継承されていると言える。その綴方集『きかんしゃ』は，1951（昭和26）年，『山びこ学校』として刊行され，戦後綴方教育運動の飛躍的発展の契機となった。それはまた，学校教育のみならず，社会教育，とりわけ青年や婦人の生活記録学習を呼び起こし[10]，戦後生活指導論発展の跳躍台となったと考えられる。

(2) 仲間づくり・学級づくり論

　戦後わが国の教育実践史上，生活指導概念が意図的に問題にされはじめたのは，1950年代中ごろからであった。すでに憲法・教育基本法制に逆行する教育政策が着手されていくなかで，子どもの十全な成長・発達に必要な教育的諸条件は十分保障されていなかった。多くの真摯な教師たちは一方で非民主的な教育政策を批判し，必要な教育諸条件を確保するための運動に，他方では自主的な教育実践を創造する活動に取り組んでいた。彼らの多くは，前述の戦後の先駆的な綴方教育運動に結集した綴方教師であり，彼らによって，『学級革命』（小西健二郎）をはじめ，新たな生活指導論が提起される。

　1955（昭和30）年，日教組教研集会，生活指導分科会において，「民主的な人間関係のための特別教育活動・生活指導はどのようにすすめるか」というテーマが取り上げられ，「人間づくり」，「仲間意識」の育成が議論の的となった。仲間づくり論を理論的に指導した宮坂哲文は，生活指導を次のように概念規定した。

　　「生活指導とは，教師が子どもたちと親密な人間関係を結び，一人ひとりの子どもの現実に営んでいるものの見方，考え方，感じ方，ならびにそれらに支えられた行動のしかたを理解し，そのような理解を，その子どもたち自身ならびに彼ら相互のものにすることによって，豊かな人間理解にもとづく集団をきずきあげ，その活動への積極的な参加のなかで一人ひとりの生き方を（生活認識と生活実践の双方を，つまり両者をきりはなさずに統一的に）より価値の高いものに引き上げていく教師の仕事である。[11]」

これは，生活綴方教育運動のなかで積極的に展開されつつあった仲間づくり的学級指導実践を総括し，一般化したものであった。そこには，なお人間関係（ヒューマン・リレーション）的傾向，心情的傾向を内包しながらも，はじめて生活指導を明確に規定した概念規定として重要な意義を持つものであったと言えよう。

このように，昭和30年代初頭から，生活綴方運動の全国的広がりのなかで，生活指導は集団主義教育へ傾斜していった。集団づくり，学級づくりの法則的認識が種々の実践をとおして深められていったのである。宮坂は，集団づくりを中心とする生活指導を，「①学級のなかに，なんでもいえる情緒的許容の雰囲気をつくること。②生活を綴る営みをとおして一人ひとりの子どもの真実を発現させること。③ひとりの問題をみんなの問題にすることによる仲間意識の確立という集団づくり」の3段階に区分設定し，「第1段階のなんでもいえる，より情緒的集団から，第2段階の個の強化（生活現実との取り組みの深まり）」をへて，「第3段階のより理性的集団への発展」が可能となる，と定式化した[12]。かくて，学級づくりとよばれた生活指導実践は，その母胎である生活綴方運動から自立した運動を展開しはじめたのである。

(3) 班・核・討議づくり

この間に，勤評，特設道徳，教育課程改訂など，戦後民主主義教育の大幅な変更をせまる教育政策・制度の改変が相次いだ。こうした管理体制強化と教育内容統制の動きのなかで，子どもの真の成長・発達をねがう教師たちの自主的な教育実践はいっそう拡大・深化し，生活綴方運動から自立した集団主義的な生活指導運動もいっそうの発展をとげた。

1960（昭和35）年，香川（丸亀中学校）の大西忠治を中心とする教師集団は，「生活指導における集団主義と学級づくり」という集団主義教育に関する原則論・方法論を提起した。彼の提案は，生活指導にかかわる教師・研究者の関心をよび，次第に理論的にも，実践的にも深められ，その集団主義的方法は，①班（小集団）づくり，②核（リーダー）づくり，③追求深め（討論づくり）の3つの方法に整序され，学級（集団）づくりの発展段階は，①よりあい的班（集団の内部にはまだ自立した集団的自覚も組織も行動もなく，よりあい的な集まりの段階），②前期の班（自主的なリーダーが出現し，次第に自治的な集団が生成していく段階），③後期の班（リーダーの主導権を超え

た集団の全成員の自覚や組織や行動が生まれ，集団の成員がかわりあってリーダーとなる道がひらけてくる段階)，の3段階に法則化されるという考え方にまとめられた[13]。

　大西らの提起は，マカレンコの集団主義的教育理論に導かれて，集団の教育力を積極的に評価し，集団的な取り組みのなかで子どもたちの人間形成が十分に行われるということ，そのさい教師の指導性が重要であること，そして，教科における認識の指導と生活指導とは方法論的に異なること，などを明らかにした。

　いわゆる「班・核・討議づくり」による生活指導論は，急速に普及・発展し，在来の「仲間づくり論」「学級づくり論」にとってかわり，「子どもたちに民主的な集団の力の行使・表現を教えることによって，子どもたちのなかに集団の民主的主人としての自治能力と自覚とを，ひいては民主的主権者としての統治能力と自覚とを育てあげる教育的いとなみ[14]」ととらえる生活指導観が一般化した。こうした考え方は，生活指導の集団主義化の傾向にいっそうの拍車をかけることになり，今日にいたっている。

4　生活指導理論とその課題

(1)　子どものとらえ方

　これまで概観したように，戦後の生活指導運動は，生活綴方運動から生起し，児童中心主義的な戦後教育の経験主義を批判的に検討するなかで，集団主義的生活指導観を確立してきた。以下，その到達点ともいえる生活指導理論の基本的考え方について考察してみよう。

　近年の生活指導運動の成果のうえに立って，あらためて生活指導を概念規定すれば次のようである。

　　「生活指導は，子どもを社会的実践主体としてとらえ，子どもの認識，要求，実践を社会的，集団的現実とのかかわりで指導しつつ，子どもたちの手で民主的な集団を形成

させることを重要ないとなみとするものである。また，生活指導は，子どもたちをこの民主的な集団のちからのもとに結集させることによって，子どもたちのなかに民主的主権者としてのちからと自覚を育て，子どもたちのなかに民主的人格を形成していく教育的ないとなみである。[15]」

こうした考え方に立つならば，子どもとその生活現実をどうとらえ，そのうえで子どもにどう働きかけ，自主的な集団をいかにつくっていくかということが，集団主義的な生活指導論の主要な論点となる。

まず，子どものとらえ方である。そこでは，かつての戦前の管理主義，権威主義的教育において顕著であった子どもの認識や社会的現実にほとんどまったく注目しないという誤った経験の反省に立って，子どもの行為がどういうものであれ，それを客観的事実として認め，そうした行為がどのような認識や要求に支えられて生起したのか，どのような問題状況を背景に生起したのか，といった事柄に注目しつつ，子どもに対応することが重視される[16]。すなわち，集団主義的生活指導は，徹底して子どもを社会的現実との関連のなかでとらえ，「子どもの社会的現実についての認識を切りひらくことによって，子どもの生活意欲を引き出そうとする。社会的現実の中に埋もれがちな子どもに生活現実を正視させ，現実変革の可能性を認識させることをとおして，子どもの生活要求を組織しようとするもの」[17]である。

このように，集団主義的生活指導においては，子どもは，教育の客体としてではなく，教育の主体として，すなわち，社会的環境・現実に主体的には働きかける実践主体としてとらえられている。

(2) **教師の指導性**

子どもを以上のようにとらえることから，教師の役割がひときわ重視されることになる。戦後の新教育においては，子どもの自主性を重視するあまり，子どもの自主的な活動を組織さえすれば，おのずと民主主義的な態度や行動

様式を身につけることができると考えられ，ともすれば，そうした楽観的な教育論にあっては教師の固有の指導性に関する認識が欠落してしまいがちであった。しかし，徹底して子どもを自主的活動の主体とすることを目標とする今日の集団主義的生活指導理論においては，教師の指導のあり方は最も重要な要件と考えられている。子どもの生活現実を正しくとらえ，それとの関連で子どもがどういう要求をもっているかを確かめ，そうした要求を組織していくという過程で教師が発揮しなければならない役割は，決して少なくないからに他ならない。

　それでは，教師はこうした子どものもつ「要求の組織化」という指導活動を，地域や学校の具体的な生活現実のなかで生活し，学習する子どもの権利を守り，育てるという観点からどのように行われなければならないのか。

　教師は，まずなによりも子どもの集団とその生活を自主的に変革する自由を保障することからはじめなければならない。すなわち，子どもが，生活現実をどのように認識し，どういう欲求・要求をそこから引き出し，それに基づいてどういう行為を展開しようと，これらのことを教師はまず承認することから指導ははじまる。そして，そのうえで，子どもがいかなる生活現実に基づいて，認識→欲求・要求→行動を引き起こすのかが探究される。教師は，現実の生活に対する子どもたちの認識，欲求・要求，行為のしかたを取り出すのと同時に，子どもたちの生活現実についての教師自身の認識や要求をも子どもたちにぶつけ，いずれのそれが現実の生活を打開しうる可能性をもち，かつ集団そのものの発展に寄与しうるかを明らかにする話し合いや討議を組織する。

　こうした生活の必要，集団発展の必然性を認識していく集団討議を通じて，主観的で，自己本位の欲求を客観的で，集団的な要求に高めていく，という指導が行われる。この指導によって教師は生活の必要，集団発達の必然性を先取りし，先取りした要求を子どもたちの要求にしていくことをとおして子どもの要求を組織していくのである。

子どもの集団は，こうした教師の見通しをもった指導を媒介に，より自主的，主体的な集団に発展していく[18]。その意味で，集団主義的生活指導は，「実践的には子どもたちの権利要求を組織するなかで」，「集団のちからの確立をとおして，子どものなかに主権者としての力と自覚を教育し，しかもその力と自覚に依拠して，子どもたちの社会的，歴史的視野を広げ，歴史的課題に取り組む社会的実践主体にまで子どもたちを育てようとするものである[19]」と考えられている。

(3) 教科指導との関係

より狭義に解釈すれば，教科外指導という領域に相当する生活指導においては，主として人格の訓育が，教科指導においては，知的陶冶がめざされるといえる。このように，集団主義的生活指導理論にあっては，「生活指導と教科指導の相対的独自性」が明確にされ，「それぞれの独自の本質にそくした陶冶と訓育の過程が明らかにされたうえで両者の統一が追求されるとき，知育が訓育的教授となりうる[20]」とされ，教科指導（授業）が「そのような構造を獲得したとき，はじめて，子どもは客観的真理を客観的真理としてだけでなく，まさに主体的真理（モラル）として学習することになる。このようになると，学習はいやおうなく全人格的活動となり，科学的真理に基づく人格形成がそこに成立することになる[21]」と考えられる。このように，集団主義的生活指導理論は，基本的には，教科指導による科学・芸術の基礎に関する系統的教授活動との統一のもとに，はじめて全人格的な人間形成が可能となるという教育認識に依拠しているのである。

(4) 検討されるべき課題

以上，集団主義的生活指導理論の基本的事柄について概観したが，最後に，検討されるべき若干の課題に論及してみよう。

(1) 確かに集団主義は，精緻で，かつ卓越した理論を結晶させた。このこ

とは否定されるべきではない。しかしながら，そこでは，とりわけカウンセリングやサイコセラピーなどの理論が心理主義，適応主義として消極的に評価されている点は必ずしも承認できない。それらを生活指導の中心部分に位置づけるのは問題としても，個々の子どもの指導の具体面でそうした心理学をはじめ関連諸科学の成果をより十分に活用し得る機会は決して少なくないと考えられるからである。

(2) もちろん，民主的，自主的集団づくりとして展開される生活指導論においては子どもの個人的指導も重視されている。そこでは，個々の子どもの発達が集団の成長・発展と対立・矛盾するものとはとらえられていない。すなわち，自主的な集団の形成過程のなかでこそ，子どもの自主性や民主的な態度も発達していくと考えられている。しかし，子どもたち一人ひとりの個（性）や創造性を，集団の形成過程のなかで全体のなかに埋没させることなく，いかに十全に発揮し，発展させるかという問題は全面的に解消されているとは思われない。集団主義的生活指導論の古くて新しい課題といえる。

(3) 集団主義的生活指導における集団づくりの方法・技術は，既述のように，きわめて精緻な法則にまで定式化されている。それだけに教育現場にあっては，その方法・技術だけが種々の個別的状況を捨象し，短絡的に実際の学級指導に持ち込まれることが危惧される。実践的に検討されるべき問題の一つと言えよう。

(4) 今日，子どもの「生活」の内実ないしは生活体験の貧しさは顕著である。遊びや労働の経験をはじめ，種々の生活上の諸経験の貧困は，いわば生活指導実践の前提条件の貧しさをも意味しているといっても過言ではない。子どものより豊かな人格の発達と自主的な集団の形成をめざす生活指導の観点から，子どもの生活の内実をいっそう豊富にし得る教科指導をもふくめた教育課程全体に及ぶ抜本的な改編論が，構築されてしかるべきであろう。

上述のように，今日の集団主義的生活指導論には問題もないわけではない。荒廃した教育の現実のなかで，冒頭で述べたような子どもの発達疎外の状況

を克服していくためには，教育諸科学の成果を十分に摂取しつつ，優れた教師たちの日常的な教育実践を，より精緻に理論化していくことが求められていると言えよう。

注

(1) 日本子どもを守る会『子ども白書』1975年，草土文化，188－189頁。
(2) 宮坂哲文『集団主義と生活綴方』1963年，明治図書，24頁。
(3) 前掲書，24－25頁。
(4) 前掲書，25－26頁。
(5) 前掲書，26－27頁。
(6) 日本作文の会『生活綴方の伝統』1953年，百合出版
(7) 村山俊太郎『村山俊太郎著作集』(第一巻)
(8) 石橋勝治『学級経営の方法』1950年，新日本教育社
(9) 無着成恭『山びこ学校』1951年，青銅社
(10) 木下順二・鶴見和子『母の歴史』1953年，読売新聞社など。
(11) 宮坂哲文『生活指導と道徳教育』1959年，明治図書
(12) 日本教職員組合『私たちの教育課程研究・生活指導』1968年，一ツ橋書房，30－31頁。
(13) 大西忠治『班のある学級』1964年，明治図書
(14) 全生研常任委員会『学級集団づくり入門』1972年，明治図書
(15) 日教組，前掲書，92頁。
(16) 前掲書，97頁。
(17) 全生研『全生研大会基調提案集成』1974年，明治図書
(18) 日教組，前掲書，107－114頁。
(19) 日教組，前掲書，115－116頁。
(20) 前掲書，184頁。
(21) 前掲書，186頁。

参考文献

・宮坂哲文『集団主義教育の本質』1964年，明治図書
・竹内常一『生活指導の理論』1969年，明治図書
・宮原誠一・国分一太郎『教育実践記録選集』(第1巻－第5巻) 1965年，新評論社

第3章　生活・発達主体としての子ども・青年と生活指導

1　生活・発達主体としての子ども理解
　―生活指導か生徒指導か，その「子ども理解」の検討―

　周知のように，生徒指導という言葉が公用語として用いられるようになって久しい。文部省による1965年刊行の『生徒指導の手びき』（生徒指導資料集第1集）では，「『生徒指導』に類似した用語に『生活指導』という言葉があり，この2つは，その内容として考えられているものがかなり近い場合があるが，『生活指導』という用語は現在かなり多義的に使われているので，本書では『生徒指導』とした」とされ，それ以降，生活指導にかわって生徒指導が公用語とされ，20数種に及ぶ「生徒指導資料」「生徒指導研究資料」をとおして積極的な指導指針・方策が提示されてきた。しかしそこには，子どもの民主的人格形成を主要目標とする生活指導論の立場からみるならば，子ども観，発達・教育観等についていくつかの重大な問題点が存在していることを見逃すことができない。

　本稿では，上述の資料のうち近年刊行された『生徒指導の手引』（改訂版）(81年)，『児童の理解と指導』(82年)，『児童理解の方法と資料の活用』(83年）とくに後者の2つの資料で示された「子ども理解」のありようを中心に生徒指導に内包される基本的な考え方の批判的検討を試みたい[1]。

『児童の理解と指導』は，まず「生徒指導の重要性は従来から意識されていたが，弱かった一面である」とし，「現在及び将来の生活への適応と人格の発達を積極的に図るとともに，児童の問題行動を防止するために，小学校における生徒指導の一層の充実と徹底が要請されている」という課題認識を述べ，「生徒指導の基本原理」をはじめ，「生徒指導体制の確立」，「児童期の心理と児童理解」，「教育相談」及び「学校と家庭・地域社会との連携」の必要性を詳述している。『児童理解の方法と資料の活用』も同様に「生徒指導の一層の充実と徹底」の必要性を強調し，「一人ひとりの児童を健全に育成するため」の「生徒指導の課題」，「児童理解の視点」及び「児童理解の進め方」を提示し，具体的な指導事例を列挙している。以上の，「児童の問題行動の防止」を基調とする生徒指導の考え方には次のような問題点が見出される。

　まず第1に，文字どおり「生活」概念の希薄化である。資料では生活体験，生活習慣形成の重要性が指摘されてはいるものの，民主的人格形成を主要な内実とする生活指導概念に蓄積され，内包された，戦前・戦後の生活綴方教育運動が「血みどろの努力のなかから」[2]創り出した生活台・生活知といった生活リアリズムにかかわる教育的価値，さらに集団主義教育実践のなかで追求されてきた，子どもたちが主体的に働らきかけ，創造・変革していく対象たるべき「生活現実」（社会的諸関係）の教育的価値が希薄化され不明となっている点である。子どもの認識・要求・実践発展の基盤であり，民主的人格形成（訓育）の基礎である「生活」概念の希薄化は生活指導が蓄積してきた教育観に対する拒否的姿勢を端的に表現するものと言えないか。

　第2は，自治（的集団づくり）不在の指導観である。資料では「一人ひとりの児童」の「個別的」な理解と指導がことのほか強調され，友人相互の「人間関係」への適応が指導上の重要な留意点とされている。これら集団づくりと必ずしも明確に結びつかない形での個別性の強調と人間関係（ヒューマン・リレーションズ）づくりによる固定的な学校秩序への心理的従属の重視は，自主的・自治的集団づくり教育論への消極的・否定的見解の表れと言っ

てよい。集団づくりを媒介するとりわけ自治能力の形成は，子どもの全面的発達の中心的内容となるものである。この点が今日まで生活指導の中心的課題でありつづけてきたことを考えるなら，生徒指導概念は生活指導概念から大幅に離脱，後退していると言わなければならない。

　第3に，適応主義的な教育観である。すなわち生徒指導においては，子どもの「学校生活への適応」「社会生活への適応」が重視され，学校や社会があたかも不変の正当な秩序をもち，子どもはそうした秩序を創造・変革し，そのことを通して成長・発達する主体としてではなく，むしろ秩序に適応する客体としてとらえられている点である。しかし，子どもこそ学校・地域の生活での主人公でなければならないことは論を俟たない。この自明の観点からみるなら，子どもたちを既存の学校・社会の秩序にどう適応・順応させるかではなく，学校・社会の秩序をかれらの生活・学習要求や発達課題にどう適応・対応させるか，言いかえれば人間的発達が実現し得るように学校・社会がどう改造されなければならないかという視点に立つことが必要ではないか。

　第4に，管理主義的な指導観がやや顕著に見受けられる点である。そこでは「社会の規律や秩序を尊重し，それを遵守する態度や行動についての指導」の重要性が指摘され，学校行事等では集団の体験を通して「集団の規律や秩序を守ることなどの自覚」を深めることが主要な目標とされているが，民主的な筋道でどう集団づくりを行い，自主的規律をどうつくっていくかという問題は明示されていない。この点でも前述と同様，学校生活の主人公としての子どもの位置づけが希薄であり，子どもの発達と教育の論理よりはむしろきまり・規則や秩序の論理を優先する管理主義的な指導観を見出すことができよう。学校の定めた膨大な数に及ぶきまり・規則の厳守を子どもたちに強要する管理主義的指導体制が拡大するなかで，学校教育法体罰禁止条項の改正を求める積極的な体罰肯定論さえ登場している今日，既存の社会・学校秩序内に子どもを包摂・従属させる子ども不在の指導観の克服は，当面の焦眉の課題と言わなければならない。

47

第5に，管理主義的指導観と不可分に関連するが，「青少年の健全育成や保護育成の諸活動の趣旨や目的は，学校における生徒指導のそれらと同一のものである」とされ，学校が青少年健全育成や保護育成に関する機関・団体と密接な連絡と協力を行い，「共に青少年問題に対処していく」必要性が強調されている点である。健全育成や保護育成の諸活動には，非行・問題行動を誘発し，惹起させる基本的部分を抜本的に変えていくのではなく，顕在している問題行動の現象面に注目し，それらを抑えこみ，取締まる，それゆえそうした経過のなかでしばしば子どもの人権の不尊重・軽視の事態をまねきかねない強権的対策という側面がなくはない。すでに中学・高校では，一般に警察との「緊密な連携」は生徒指導上不可欠のこととして常識化されつつある。しかし，警察力に頼る結果，事態は緩和されるどころか一層悪化しつつあることも周知の事実である。健全育成対策との連携を小学校段階にまで拡大することは問題の解決をかえって困難にさせることになろう。

　第6に，子どもの非行・問題行動の主要因がもっぱら家庭（教育）に求められ，学校（教育）の責任が不当に回避されている点である。すなわちそこでは，明らかに家庭基盤充実政策の直截的反映でもあろうが，「家庭教育の在り方が耐性の欠如をもたらし，衝動的に行動を引き起こす」など，「家庭のしつけ」「親子関係」「家族関係などの家庭の環境的な条件」こそ問題であり，したがって，「家庭の教育力を高めるため家庭への働き掛けを積極的に図る」べきであるという論が展開されることによって，今日の学校（教育）そのものが子どもたちの人間的発達を疎外するもっとも有力な要因の一つとなっているという明白な事実が隠蔽され，さらに教育政策当局と学校当事者も免罪されていると考えざるをえない。むろん家庭環境に問題はなくはない。それゆえ指摘されている点はその限りでは誤っていない。しかし，いままず非行・問題行動を引き起こす主要因としてもっとも厳しく批判的に検討・吟味されなければならないのは，子どもたちに既存の体制・秩序への従順と自らの願い・要求の抑圧を強要する選別と競争の能力主義教育のあり方ではないか。

第7に，子どものとらえ方である。資料では，「耐性の欠如」が非行・問題行動を行う子どもの特徴とされている。耐えしのび，既存の学校・社会の枠組に首尾よく適応できればそれでよいのか。やや極論すれば，いわば「よい」子どもとは，受験，進学，就職の軌道をひた走ることにあえて「過剰適応」し，「自分の人間性の抑圧を必死に試みている」[3]子どもであり，「悪い」子どもとはそのことに耐えきれなくなったむしろ人間的な感性の鋭い子どもとさえ言えなくもない。言うまでもなく子どもの非行・問題行動は大人（社会）へのレジスタンスであり，かつ告発をこめた自己主張である。その意味で，いわゆる「悪い」子どもたちのレジスタンスのなかに大人社会の病理を，とりわけ子どもの人間的発達を疎外する学校社会の欠陥や病理のありようを見いださなければならないのではないか。子どもたちの発達のゆがみの少なくない部分は，なかんずく学校（教育）のゆがみの投影に他ならないからである。

　以上が生徒指導における主として「子ども理解」にかかわる問題点である。総括的にいえば，生徒指導の基本的な考え方のなかに，一貫して子どもの固定的な学校・社会秩序への順応・奉仕を一層強要する管理主義・適応主義的な指導観，言いかえれば子どもの生活を創造・変革し，そのことを通して成長・発達していく主体としてとらえきれていないという発達・教育観の限界をみとめないわけにはいかない。今回の教員養成審議会答申（83年11月）では教職教育の一環として「生徒指導」が位置づけられるなど，教員養成の側面からも生徒指導拡充強化の方向が示されている。しかし，上述の問題点・限界をもつ生徒指導では子どもたちの人間的発達を正しく保障し得ないだけでなく，彼らの発達疎外の危機的現況をかえって拡大し，増幅させることになろう。
　子どもの発達と教育をめぐる今日的問題状況を打開し，抜本的に問題解決を図るためには，彼らを発達の可能態として，さらに生活と発達の主人公と

してとらえる「子ども理解」に立ち，自主的・自治的集団づくりを媒介する「人格形成＝訓育を主たる任務とする」[4]生活指導を復権し，発展させることが痛切に求められていると考えられる。言いかえれば，「子どもの本質的な要求に根ざした自治の指導をとおして，集団（社会）に変革的に働きかける主権者としての民主的人格を育てること」[5]が今ほど必要な時はない。教師集団の連帯・協同のもとで生徒会民主化を軸に「自治的集団の形成，子どもの自治能力の育成」に取り組むことによってみごとに荒廃状況から立ち直った三重県・尾鷲中学校の実践[6]から学ぶべきものは少なくない。

2　生活・学習意欲の自覚化と学級集団づくり

(1)　基礎集団としての学級集団

「近ごろゼミなどで発言・質問・議論がめっきり減った。」「卒論が質・量ともに薄くなった。」「自治会総会が定数に満たず不成立だった。」「活動を続けるのが厄介だからという理由で寮生自治会が解散した。」「大学でも父母との懇談会が必要になった。」ここ数年，大学の先生方のあいだでしばしば交わされ，互いにうなずきあう話題である。近年やや一般化しつつあるこうした大学生の生活・学習意欲の低下現象，とりわけ自治活動に対する消極性は，個人主義的競争原理の貫徹した差別と選別の能力主義教育政策のもたらした必然的な結果といって過言でない。

能力別学級編成が実施され，教育機器導入による個別学習が重視され，きまり・校則の一方的押しつけ等，生活指導の管理主義化がすすめられるなかで，子どもたちの自律的・自治的な学校・学級集団づくりはいっそう困難になろうとしている。しかし，非行，校内暴力，登校拒否等がかつてない深刻な社会問題となっている今日，こうした状況の克服のために，集団づくりを中心とする実践がより拡大・深化されなければならない必然性ますます高まっていると言えよう。

自律的・自治的学校集団の組織化の中心となるものは学級である[7]。学校集団の基礎集団は学級集団に他ならないからである[8]。すなわち，それぞれの発達段階と発達課題に即して子どもたち一人ひとりの要求を掘り起こし，組織し，集団形成に取り組むなかで民主的な人格と能力を育てていくうえで，学級集団は最も基礎的な集団である。ここでは，とくに中学段階の学級が編成されてまもない初期段階において，子どもたちの欲求・要求づくりの前提ともいえる学級集団への積極的な問題意識，言いかえれば，学級集団づくりへの自覚的な関心をつくりだす基礎的要件について，集団形成の指導技術論的な観点でなく，ややマクロな観点から述べてみたい。

(2) 学級集団づくりと生活・労働経験

結論を先に言えば，今日，子どもの日常の生活が著しく幅の狭いものとなっており，地域の住民の生活・労働から隔離されていることが彼らの学校生活を受動的にさせ，学習や自治活動に対する消極性を導き出す基底的な要因となっていると言えないか。豊かな生活経験とりわけ集団的な遊び・労働その他の諸活動のなかから形成されるさまざまの感性や能力を学級集団の自律的な形成と発展に向けて総動員することによって，子どもたちの民主的人格と自治的諸能力の発達を保障することはできないか[9]。

岐阜県中津川市では，教師は日常の教育実践において「子ども」「教材」「地域」を「三づかみ」するとともに，子どもたちの「学力」「体力」「生活」「人格」を「四づくり」することを目標とすべきことが学校教育の基本方針とされ，そのための有力な方途として生活綴方による地域・生活学習がとりわけ重視されている。たとえば同市のある中学校では，「生き生きと活気に満ちた学級は，子どもたちが何の気がねもなく本当のことが話せる自由な空気の中でしか生み出せてこないことだし，連帯感を持ち合えている中でしかつくられていかないものである」という考え方のもとで，「生産労働を学級活動の中心にすえる」実践が取り組まれている[10]。次の綴方（中学一年女子）は労働

を軸に展開される学級活動のなかで，子どもたちのあいだで起こった変化を的確に表現している。

　　土曜日のことです。朝学校へ行くと，3・4人の男子が畑で仕事をしていました。見ると，畑は，前の日に降った雨のため，水がたまり，それはひどいものでした。けれどもはじめは教室の中で遊んでいて，仕事を手伝おうなどとは，これっぽちも思いませんでした。時間がたつにつれて考えが変わってきました。／「自分たちの畑を人にまかせておいてよいものか？」と。その時，畑で仕事をしていた男子が／「おい手伝いにこいよ」／と，教室の中にいた子へよびかけました。私は，清水さん，松本さん，掘さん達と，／「ねえ，行こう。わるいも」／と言い合って外へ出ました。／外へ出ると，男子が，／「おい，ぞうきん持って来て，水をすいとれよ！」／と言ってきましたので，バケツとぞうきんを持って来て，水をすいとりました。しかし，ぞうきんではあまり能率が上がらないことに気づき，バレー部で使うスポンジをかりて来て，水を吸いとりはじめました。／その時，男子が，また，「おい，こっちの水もとれ」／と言ってきました。／前までの私だったら，命令された時，少しは頭に来ただろう。／しかし今はちがった。／協力し合って，畑を守りたい。他の子も一生懸命やっているからがんばらなくては，という気持ちのかたまりになって，素直にいうことを聞いた。かえって，何かを頼まれたことがうれしかった。／前まで仲の悪かった金子君などと，今では話もした。／また，「ここは，どうしたらいいの？」とか，相談にのってもらった。／前にあったことなどわすれて，協力した。ポプラの木の下で仕事をする時，風が吹くたびに，葉についた雨水が，ポトポトと背中の上へ落ちる。／「つめたい！」／思わず声に出すが，それでも仕事を続ける。／つめたさよりも，しゃがみっぱなしの姿勢からきた，体の痛さよりも，今では，仲間と協力し合ってやる仕事の方が先に立って，私をぐいぐいひっぱっていった。／いや，自分自身がそう変わりつつあった。こんな気持ちはじめて。／ドロ，あせ，雨にまみれながらも，仕事が楽しかった。うれしかった。／今までにはなかった仲間とのつながりができて，すごくうれしかった。／今まで，こんな気持ちになったことは，

第3章　生活・発達主体としての子ども・青年と生活指導

はじめて。／一度だってなかった。／新しい自分を見つけ出したのだ。／今までとちがった自分を見つけ出した。／そして……／仲間と協力してやる事の大切さがわかった。／本当に，真剣にやる仕事の楽しさを知った。／本当によかった！[11]

　この綴方では畑づくりの労働が，仲間との連帯感と協同の意欲を意識化させ，学級内の子どもたちの団結を創出させたことが強調されている。しかし，こうした自主的・集団的な労働体験を媒介する学級集団づくりがつくりだすものはそれだけではない。綴方には十分表現されていないが，自然や社会を対象化し，これらに協同で働きかけるという集団的営為のなかで，労働の尊さや価値を発見し，働く人びとへの共感を持つことを通して，「もっとよく生きよう，みんなでみんなの将来をきずこう」，そしてそのために，もっと「わかろう，できるようになろう[12]」といった「生きる」ことと「学ぶ」ことへの意欲がつくりだされることを見逃してはならないであろう。
　以上のような仲間との連帯感・協同意識と生活・学習に対する意欲ないしは主体的姿勢のないところで，学級内に豊かな人間関係が築かれ，学級集団に対する積極的な関心や要求が育ち，集団づくりに向かって目的意識的な学級活動が旺盛に展開される可能性はきわめて少ないといえないか。自主的集団的な労働経験をとおしてつくりだされる仲間との連帯感・協同意識と生活・学習への意欲，主体的姿勢は，子どもたちが自己中心的な状況から離脱し，自らの要求を仲間のそれと結合し，学級構成員に共通の行動目標を創出していくなかで学級集団づくりを自覚的に追求していくうえで，そのための土壌を準備する有力な方途の一つである。

(3) 求められる教師（集団）の指導性
　学級集団づくりに対する子どもたちの積極的な関心や問題意識の形成はむろん学級内の仲間との生活・労働経験を共有すればそれでこと足れりとは言えないし，学級にだけ限定された実践のなかで達成されうるものではない。

53

言うまでもなく日直，係，総会等の学級活動が同時併行的に発展させられなければならないし，さらに全校的な諸活動との脈絡のなかで位置づけられ，実施されることが必要である。さらに集団的な生活・労働経験が自然や社会に関する科学的認識の発達と結合することによって，学級集団に対する子どもたちの問題意識はより確かなものとして深められるであろう。

こうした学級集団に対する子どもたちの問題意識は，むろん自然成長的に生まれ育つものではない。教師の見通しを持った意図的・目的意識的な指導性が不可欠の要件である。前述の中津川の実践においても，教師による「子ども」「教材」「地域」の的確な認識のうえに立って具体的な指導の方向性が出されている。しかし，こうした仕事は教師一人ひとりに委ねられるべきでない。教師集団による取り組みを欠いては容易に遂行され得るものではない。とりわけ自律的・自治的学級集団づくりを展開していくためには，全校的な教師集団の指導上の一定の合意ないし統一性は重要な要件と言えよう。そうだとすれば，教師集団がまさに自治的集団としてどう自立しているか，あるいは教師自らが自律的教師集団づくりをどう追求しているかという問題も，学級集団の民主的形成を考えるうえで避けて通れない大きな課題と言わなければならない。

3　学習規律づくりの実践に学ぶ

「無断欠席，無断早退，遅刻が多い。清掃しない。筆記用具すらもってこない。チャイムがなっても席につかない。黒板がふいてない。勝手に席を移動する。挨拶をしない。授業中ガムをかむ，居眠りをする，私語が多い，ノートをとらない。[13]」

周知のように，今日，多くの学校で授業不成立の状況が顕著になっている。とりわけ，底辺校とよばれる職業高校や私立高校の一部で最も深刻な状況を呈している。右のような，いわば学習疎外とも言うべき現象は基本的には差

別と選別の能力主義的教育体制の帰結である。このような教育の荒廃を克服する方途は，今日の能力主義的教育政策をきびしく批判しつつ，基本的には子ども・青年の人格と学力のより十全な発達を保障し得る教育実践を地道に創造していく以外にない。自律的・自覚的な学習規律を創出する教育実践もこうした広がりのなかに位置づけられ，論究されなければならないであろう。

まず，規律とは何か。その概念規定からはじめなければならない。小川太郎によれば，「外面的に秩序が成り立っているだけではなく，その秩序の必要が学級の全員によって意識されており，その秩序のもとで全成員が自己の自由と生活の充実を実感し，その秩序によって，学級の共同の自覚された目的が実現されていっているような，そういう秩序でなければならない。だからそれを成り立たせている規則も生徒自身によってつぎつぎと創造されていき，だからこそまた，じっさいに守られているような規則[14]」である。そしてマカレンコによれば，それは「教育的作用の総和の産物である[15]」。以上の前提のうえに，さらに学習規律を，ここでは学級集団の必要と要求に基づいてつくられた秩序ある学習活動の体系であり，それを集団が主体的に実現している状態そのものである[16]，という考え方にしたがっておきたい。

上述のように，本稿では，学習規律の自律的形成は教育全体の所産であり，とりわけ学習集団づくりをとおして実現され得るものだという立場に立ち，東京・私立正則学院（以下，正則と略す）の実践を手がかりにしながら指導上の課題（問題点）について考えてみたい。

(1) 学習規律創出の実践に学ぶ

正則では，生徒と教師の懸命な努力によって，授業不成立の状況をみごとに克服していく実践が展開されている。同校2年3組では，当初通常の授業がほとんど成立しないほど，きわめて無秩序な状態であった。授業規律が維持できない最大の原因は，いわゆる「悪童」グループと「まじめ」グループの激しい分裂・抗争であった。前者は学習成果があがらず，劣等感を抱く一

方，目立った行動で自己の存在を主張・顕示し，後者は自己の殻にこもり，その言動は利己主義的であった。

職員会議では，「きちんとした学級集団がつくられていなかったところに一つの大きな原因がある」とされ，「問題の解決のカギは学級集団づくりにある」，すなわち「授業中さわいだり，非行をおかしたりする生徒たち——そういう生徒たちこそ，いまの教育体制のなかで差別されつづけ，その結果まっすぐ伸びきれないで，ゆがまされてしまった生徒たちであるが——そういう生徒たちの問題を学級のみんなが自分たちの問題として考え，取り組んでいく，そのなかでその生徒が変わり，学級のみんなも大きく成長していく——そういう学級集団をどうしてもつくらなければならない」という見解のもとに，つぎのような指導方針が提起された。①ホームルームに問題提起し，改善を要求し，クラス全体が運動を起こすなかで学級集団の自主的規律を確立していく。②改善への要求は妥協することなく，きびしく出す。③どのクラスの担任も一致してやる。教師集団の意思統一をはかる。この提案をもとに活発な議論が展開され，「わかる」授業が実施されなければならない。そのための教材の精選と自主編成が必要である。生活指導と教科指導の両面による総合的な取り組みが不可欠だ，生徒会・クラブ活動によって自治能力を育てなければならない，といった意見が出され，2年3組に対する基本的な指導の方向がほぼ定められた。

某日，クラスの多くの生徒が毎日休み時間に喫煙しているという事実が発覚した。これを契機に，主任の提案で「生徒をぎりぎりのところに追いこんで，生徒たちのあいだに運動をまきおこし，生徒たち自身のクラスをつくらせる，一人ひとりの学習権を保障する規律あるクラスをつくらせる」ことになった。翌日，13名が喫煙の現場をおさえられ，事情聴取が行われた。担任はホームルームでこの事実を説明し，「このことと最近の授業中の騒然としたあの状況とは根は同じだ」「いったいこういう状況をどう考えているのか。どうしたらこんなクラスでなくなるのか，討論してもらいたい」と要求をつき

つけた。「なぜこういう不祥事がクラスのなかでおこったのか」徹底的な原因の分析を要求した。喫煙しないグループが喫煙グループを黙認していたことへの反省や学校・教師への不満，とりわけ教師が自分たちを無視してきたことへの不満が吐露された。討論は繰り返され，クラス自体に責任があるという認識に到達し，自分たちは何をすればよいかを追求しはじめた。かくて「今までの授業への参加態度はよくなかったので反省し，整然と受ける」などの付帯条件をつけ，喫煙者に対する校則違反の適用をゆるめるよう学校に要求した。教師側はその受動的な姿勢と全貌が明らかにされていない点を指摘した。討論が再開された。担任は席をはずすよう求められ，生徒たちだけの討論の結果，教室で喫煙した者，全員22名の名簿と校則違反軽減の要求書が提出された。さらに，①クラス全員が反省文を書く。②校庭をクラス全員で毎日掃除する。③授業ではとくにはじめとおわりをきちんとする。④クラスから一人の留年者も出さないようみんなで学習するなどの運動を起こす。⑤クラス新聞を再刊する。以上が決議され，生徒たちは毎日自分たちで決めた課題をきびしく点検するようになった。かくて遅刻や欠席も著しく減少し，授業も整然とできるようになっていった。学校のこの事件についての結論は，「自分たちの力で真実を明らかにした」ことを評価するが，「さらに積極的なクラスづくりの運動をすすめること」，「クラスでは自主的に『やろう』と決めた運動を追求する」ことを要求し，22名に対する「処置は教育的原点に立って」「一律に校長訓戒とする」というものであった。

　この2年3組の運動はやや嘆願的な限界をもっていたが，この限界が克服される形で他のクラスにも継承され，制服自由化問題その他の運動として発展していく。

　以上が正則の喫煙問題を契機に取り組まれた学級集団づくりの実践の要約である。以下，この実践に学びながら，学級集団づくりによる自律的・自覚的学習規律創出のための指導上の諸課題を明らかにしたい。

(2) 指導上の課題

　まず第1に，教師の統一・連帯である。正則では担任，主任，生活指導部長の緊密な連携・協力関係のもとで指導のあり方が提示され，職員会議で指導方針が討議されている。一つのクラスの集団づくりは，当然のことながらそのクラスだけの問題に局限されるのではなく，学年・学校全体の問題としてとらえなおされ，すべての教師の協同関係のなかで指導が展開されて，はじめて可能になる。統一的な指導方針がすべての教師の民主的・集団的討議のなかで探求されることの重要性は，強調してもしすぎることはない。現実には教師一人ひとりの教育観・生徒観は一様ではなく，ことは決して容易でない。それだけに，教師自らが協力・連帯し，いかに自らの民主的・自律的集団を形成していくかという問題こそ最も困難ではあるが，自律的学習規律の指導上最も重大な課題といえる。

　第2に，ホームルームの運営にかかわる問題である。今日のホームルームの低調さは生徒の自治意識・自治能力の貧困化と相関関係にあることはいうまでもない。しかし，「民主的な運営，自律的な規律を組織し得ているホームルームの成員は，授業の中でも真剣に，集中的に，活動的に学習に取り組んでいる[17]」ことは確かな事実である。正則の実践でもホームルームが問題を掘り起こし，真実を追求する中核の機関として最重視された。学級集団の分裂の実態が顕在化され，生徒自身の要求が育てられ，学習権への自覚がよびさまされたのはホームルームにおける再三の討議のなかでであった。全学的な集団づくりを見通しつつ，基礎集団としてのホームルームを真に自治的な活動の拠点として育てることなくしては，学習規律の内発的形成はありえないと言わなければならない。

　第3に，ホームルームでの討議のなかで，発言（思想・言論）の自由をどう一貫して保障するかという問題である。正則では担任が討議を要求し，その進行をきびしく指示している。そこでは教師の指導力はきわめて強力であった。一つ誤れば管理・統制的な指導に陥る危険がまったくなかったとはい

えない。しかし，そうならなかったのは，思っていることを本音で話し合うことがことのほか重視されたこと，すなわち発言の自由を確立することが執拗に探求されたことにあったといえないか。自律的な学級集団づくりの初期的段階では，教師の妥協のない，きびしい要求はむろん必須の要件である。問題はこうした場合消極的になりがちな生徒の発言の自由をどう保障するかである。ホームルームでの討議の指導上大きな課題の一つといえる[18]。

第4に，リーダーづくりの問題である。正則ではこの問題にかんする方針や見通しがどうであったか定かではない。しかし，民主的な学級集団づくりにとってリーダーの発見と育成が不可避的条件であることは強調するまでもない。生徒にとってみれば，わずらわしい規則，自主的活動の制限，校内暴力，差別など，学校での不満は少なくない。彼らがそれらの不満を要求として提起していくことこそ，生徒集団の発展と一人ひとりの成長をもたらすのであり，そうした要求を教師の側近という立場からではむろんなく，さらに個人的にではなく，学級集団の要求として組織できる者こそリーダーに他ならない。リーダーをどう発見，育成するかという問題も指導上不可欠の課題である[19]。

第5に，リーダーに必要な資質・能力が育てられる場として学校内外のサークル・クラブ活動の役割に注目しなければならない[20]。正則の実践でも，クラブ活動での自治能力の形成が学級集団づくりにとって重要な課題であることが指摘されている。一般にサークル・クラブ活動を含む自治活動の不活発さは，明らかに差別的能力主義教育政策の反映である。学級の枠をこえた自由なサークル・クラブ活動のなかで要求を掘り起こし，組織する力が育てられ，そうした力が学級集団づくりに活かされるという指導のあり方が今日痛切に求められていると考えられる。

第6に，教科指導にかかわる問題である。授業・学習に対する主体的なかまえができないということは，授業がわからない，学習の意義・目的がつかめない，学習意欲がないといった問題と表裏をなしている。正則の実践が示

唆しているように、「わかる」授業を展開するための徹底的な教材の精選と自主編成が必要不可欠である。たとえば、和光学園（東京・私学）では、2・3年で各一単位、家庭科、理科、社会、保健の各教科を複合した「総合学習」を設置し、「愛と性の問題」「食品公害」「福祉問題」「基地問題」「戦争と平和」「ニュータウン」など、地域課題・生活課題をテーマとし、科学と生活の結合をはかることによって、生徒の学習に対する主体性・能動性を引き出そうとしている[21]。集団づくり（生活指導）と教科の授業をどう統一的に追求し、自治能力を育てていくかという問題も避けて通れない課題の一つといえよう。

以上、6点にわたって指導上の課題を述べた。いずれも容易に実現されうるものでない。これらの課題が着実に追求されるなかで、生徒同士が緊密にかかわりあい、相互批判しつつ相互の立場を理解し、民主的な人間関係を生み出し、学級を真に自治的集団たらしめる。こうしたことの結果として、自律的・自覚的な学習規律がはじめて創出されると考えなければならない。

(3) まとめにかえて

以上の諸課題を実現しうるか否かは、当然のことながら一にも二にも教師（集団）の指導性いかんにかかわっている。正則の教師たちが生徒のなかに積極的にとびこみ、ともに運動に取り組んだ情熱とエネルギーは何によってもたらされたものだったのか。指導技術もさることながら、教師自らが日常の生活と教育においていかに真実を追求し、自律的集団を組織し、自己形成・自己変革に取り組んでいるかという問題こそ、教師（集団）の指導性の内実を規定する決定的、根源的問題と考えるのは極論であろうか。

4 児童会・生徒会の活性化──全校的指導体制の確立が課題──

近年、一般に大学でも学生自治会の活動が次第に不活発化している。不活

第3章　生活・発達主体としての子ども・青年と生活指導

発どころか自治会そのものが消滅した大学も少なくない。たまたま筆者はいま学生生活委員であるが，大学当局の管理的立場からみても学生たちの自治的活動への関心・意欲・力量の衰退と自治会活動の著しい貧困化の状況は一目瞭然である。こうした現象が，人権・民主主義思想と自治能力の形成を抑制ないし阻止してきた受験教育と管理主義教育を内容とする差別的能力主義教育政策の必然的帰結であることは論を俟たない。

　今日の競争と選別の管理主義的学校秩序のもとでは，これに対する子どもたちの反逆・反乱は，容赦なく体罰を含む処罰・処分で対処され，それが彼らの更なる反逆・反乱を再生産させるという悪循環を生み出していることは周知のとおりである。こうした管理主義教育体制下で，児童会・生徒会（以下，一括し生徒会という）は，おおむね品行方正・成績優秀で既存の学校秩序・体制に十分適応し得た一部少数の子どもたちに掌握され，学校管理機構の下請・翼賛的機関たらしめられ，かくて学校生活の共通の諸問題の民主的解決能力をほとんど喪失しているのが一般的，支配的である。このように現行体制下では，生徒会の活発化にとってきわめて困難な事態が存在することを確認せざるをえない。

　とはいえ，子どもの発達疎外と教育荒廃が極限に達している現況をあらためて直視するなら，一刻でも手を拱いていることはゆるされない。子どもの人間的発達保障の視点に立つ教育実践を着実に拡大・深化，蓄積することによって，発達疎外と教育荒廃の現状を打開・克服していかなければならない。以上のような現状認識・課題意識に立って生徒会指導上の2，3の課題について述べてみたい。

　全校レヴェルでの自律的・自治的集団づくりという生徒会のもつべき民主的機能の再生・復権のために，当面以下の課題が検討されてよいと考えられる。

　第1に，子どもたちが自治的な集団活動を通して自らの願いや要求を掘り起こし，組織し，学校生活の中に実現しうる可能性をその道筋を発見・確認

させていくとともに，仲間との共同・連帯の中で一人ひとりの人間的成長・解放の実現を可能にする集団のちからへの感動と認識を彼らの中に植えつけていくことの必要性である。かくて，圧倒的多数の子どもたちの中に定着している権力的・管理主義的生徒会観の脱却が急がれなければならない。そのためのやや具体的な方策として，①学校・クラブ・部等での学習・文化・スポーツ・遊び等，彼らの生活現実，日常的な諸問題にことの他目を向けさせ，それらの問題解決と共同の規律づくりによる生活現実の変革→より楽しく充実した学校生活の創造・確立を共同の最高目標に設定，②全校レヴェルでの要求の集約，話し合い・討議の拡大・深化（とくに自由な話し合いの雰囲気づくりとその習慣化）のために各種集会活動の活発化，集団状況の広報の徹底，③複雑・肥大化しがちの組織・規約の簡略化によるすべての子どもたちの参加を容易にする条件づくり等が試みられてよい。

第2に，すでに枚挙にいとまのないほど多くのすぐれた教育実践（とくに高校）[22]が実証し，かつ多くの論者[23]が正当に指摘しているように，各種学校行事の企画・運営へ生徒会参加がもっと積極的に取り組まれる必要がある。各種多様な行事への子どもの集団的取り組みを通して培われる主体的・積極的な生活・学習意欲を動因とし，さらに教科指導の中で事前・事後学習の取り組みを設定するなど，生活と教育の結合，生活指導と教科指導の統一，訓育と陶冶の結合・統一を図っていくためにも，小・中学校段階でもより積極的に着手されて然るべき課題といえよう。

第3に，学級集団の発展が生徒会の成長にとって不可欠の課題である[24]。学級・クラブ・部、とくに基礎集団としての学級集団づくりこそ全校集団づくりの基本的な前提要件である。学級その他での自治的な活動の基盤を欠落させて生徒会自治の創造・発展がありえないことは強調するまでもない。それゆえ，学級をはじめクラブ・部活動の中で，それぞれ学級やクラブの問題でありながら，全校に共通の生活課題にかかわる問題であれば，そうした問題を生徒会での全校的な検討課題としてとらえかえし，提起していく筋道が

より意図的かつちみつに追求される必要がある。そうした中で各学級・各クラブ間の相互の矛盾・相克ないしそれぞれの集団に内在する諸問題がより客観的・全体的に究明されるとともに，より自治的な全校集団づくりへの子どもたちの意欲・自覚と力量をつくりだしていく可能性が広げられるものと考えられる。

　以上，生徒会活発化の２，３の課題を述べたが，全校・学級を問わず自立的集団づくりにさいして，子どもたちの自主性に無原則的に全面依存し，教師の指導性を否定するアナーキーな考え方は成立しえない。言うまでもなく子どもの要求の組織化は自然成長的に生起し，発展するものではなく，教師の的確な見とおしに裏づけられた適切，周到な指導を必須・不可欠とするからに他ならない。無論生徒会も例外でない。自明のことではあれ，生徒会の指導ほど全校的に統一的・系統的な指導方針・体制が要求されるものはないことをあらためて強調したい。

　そして全校的指導体制の確立のために，すべての教職員の自由で民主的な討議を保障しうる教職員集団の形成が不可避的課題となろう。子どもたちの自立的・自治的集団づくりに先行する要件として，教師自らの自立的・自治的集団形成への取り組みが不可避となる。とりわけ「集団教育を行う教師は，教師集団の中で集団主義にしたがって活動しなければならないのである。[25]」

　このように，生徒会の活発化＝民主的改革の実現にとって究極課題は全校的な指導体制をどう確立するかという問題となり，さらに民主的な指導体制の確立を可能にする要件としての教師（集団）の自立性・自治をどう確保するかという問題とならざるをえない。教師集団の結束・団結のもとで「自治的集団の形成，子どもの自治能力の育成」を最重視し，生徒会改革を中心とする取り組みを通してめざましい成果をあげつつある三重県尾鷲中学校の実践[26]は，指導上の方法・技術もさることながら，教師（集団）自ら自主・自治を追求してやまない姿勢とすべての子どもの人間的発達の可能性への信頼を基礎とする指導が，今日の子どもの発達疎外と教育荒廃を根底からつき崩

していくうえでいかに重要かを明示していると言えよう。

5　勤労体験学習と野外学習

はじめに

　高度成長政策の展開された60年代以降，地域社会と国民の生活構造の急激な変化が地域・家庭の教育力の著しい減退をもたらしたことは周知のとおりである。とりわけ子ども・青年の地域・家庭における労働機会の大幅な減少は受験体制とも相俟って，体力・運動能力の停滞はむろん，自然に対する感性と知的認識の貧しさや集団的活動能力の低下など，彼らの成長発達を阻害する大きな要因となっている。こうした事態は当面する最も深刻な教育問題の一つと言わなければならない。

　言うまでもなく労働は人を人たらしめる根源的な営為である。人は労働を通して自然を対象化し，すぐれた英知と文化を創造してきた。人間の人格と諸能力の全面発達にとって労働はまさに不可欠の要素といって過言でない。

　子ども・青年の発達疎外に対処するために，知育偏重の是正と自然とのふれあいや勤労体験の積極的導入を中味とする「ゆとりと充実」の新教育課程が出発しはじめているなかで，「野外学習」のあり方にも関連をもつ「勤労にかかわる体験学習」（以下，勤労体験学習と略す）の種々の試みが展開されている。本稿では，高校の場合を中心にその経過，現状と問題点について概観したい。

(1)　経過とねらい

　「勤労にかかわる体験学習」という言葉が最初に登場したのは，教育課程審議会（以下，教課審と略す）の中間まとめ，「教育課程の基準の改善に関する基本方向について」（75年10月）においてであった。そこでは，「正しい勤労観を培うこと，社会連帯意識や奉仕の精神に基づく実践的社会性を培うこ

と」が強調され，そのために「特別活動（小・中学校）・各教科以外の教育活動（高校）」のなかでこれを具体化するとされ，とくに高校普通科では「勤労にかかわる体験的学習の教科・科目を新設する」とされた。

つづいて理科教育及び産業教育審議会産業教育分科会の職業教育の改善に関する委員会が「高等学校における職業教育の改善について」（76年5月）報告し，勤労体験学習について次のように指摘した。

「児童生徒は，学校生活を終えれば職場や家庭において働きながら生活していく。働くことは生存に必要な物資を得るための活動であるだけでなく，同時に社会的な役割を分担することであり，これを通じて自己を実現することである。学校は，児童生徒にとって将来生きていく能力を育成する場といえるのであり，したがって児童生徒が働くことについて考え，これについて積極的な態度を培うようにすることは，高校教育の重要な目標の一つである。」

さらに右の報告のインパクトのもとに，教課審は最終答申（76年12月）を提出した。答申は勤労体験学習の基本方針について次のように述べた。

「特別活動及び各教科以外の教育活動については，児童生徒の人格形成上重要な役割を果たすので，特に各教科の授業時数の削減により生じた時間の活用なども考慮しながら，その一層の充実を図る必要がある。この場合，これらの活動と関連の深い，いわゆる部活動についてもその充実に努めるように配慮する。

なお，勤労にかかわる体験的な学習については，特別活動及び各教科以外の教育活動においても，その果たす役割が重要であるという観点に立って，その充実を図るようにする。

〈小学校〉直接手を使って製作する活動や体験的な活動を通して，物をつくることや働くことの喜びを得させるようにする。

〈中学校〉勤労にかかわる体験的な学習を重視し，正しい勤労観を育成する。

〈高等学校〉勤労にかかわる体験的な学習を通して，仕事の楽しさや完成の

喜びを体験させるとともに，勤労に対する正しい態度や職業観を養う。」(傍点，引用者)

さらに，「小学校及び中学校における特別活動並びに高等学校における各教科以外の教育活動の基本的性格は，現行どおりとするが，その活動については学校の創意を生かして一層の充実が図られるようにする。その際，勤労にかかわる体験的な学習の必要性にかんがみ，各学校段階に応じて，例えば勤労・生産的行事やクラブ活動としての生産的な活動の充実を図る。」

以上の答申を受け，小・中学校に77年，高校は78年，学習指導要領が改訂されるに至ったのである。そこでは新たに小学校の学校行事に勤労の尊さや意義・奉仕の精神などの体得のために「勤労生産的行事」という事項が，中学校では「社会奉仕」という文言が加えられ，高校では「地域や学校の実態などに応じて，勤労にかんする体験的学習の指導を適切に行うようにし，働くことや創造することの喜びを体得させるとともに，望ましい勤労観や職業観の育成に資するものとする」ことが強調された。(傍点，引用者)

このように，勤労の「尊さ」「喜び」「奉仕の精神」といった心情・態度の育成を主要なねらいとする勤労体験学習は，小・中学，高校の全体を貫ぬく教育課程の改革の重点方針の一つとして，すなわち「ゆとりと充実」の教育の一環として導入された。ただ，これまでの経過をみると，とりわけ高校(普通科)の場合，教課審「中間まとめ」では勤労体験学習のための教科・科目の新設が提案されていたが，最終答申ではこれが後退してしまっている。それだけに一層特別活動に期待がよせられ，かつ職業科目と家庭・技術科が道徳教育化されているという印象は避けられない。いずれにしろ，勤労体験における心情的な要素が強調され，奉仕と結びつけられてとらえられている点が最も注目すべき点の一つである。

第3章　生活・発達主体としての子ども・青年と生活指導

(2) 現状とその特徴

　文部省は，新高校学習指導要領の実施にそなえて，79，80年度の2か年にわたり，45都道府県46校を勤労体験学習指定校に指定し，研究を委嘱した。その「中間報告」によると，勤労に関する教科・科目の履修，奉仕活動，創作活動，環境整備，転作奨励田利用による畑作など各種の試みが実施されている。一般的な現状を知る手がかりには必ずしもならないが，今後の展開の方向を予見できる有力なデータとも考えられるので，次に，そのなかから「野外学習」に関連するケースのいくつかをひろってみたい[27]。

　まず，教科・科目の勤労体験例として，京都府立久美浜高校の場合がある。同校では，普通科3年を対象に選択科目6科目――①園芸（イチゴ，トマト，白菜，菊の栽培）3単位，②造園（学校花壇，前庭での実習）2単位，③被服1（スカート，ベスト，ワンピースの製作）3単位，④食物1（家庭でできる食品加工）2単位，⑤計算実務（そろばん，利息計算等）2単位，⑥商業一般（経済の分析と商業の機能）2単位――を設置している他，クラブ活動として，①菌学クラブ（ヒラタケの培養など），②測量クラブ（平板測量），③食品加工クラブ（貯蔵食品の研究と製造，食生活に対する認識），④家庭クラブ（老人ホームの慰問），⑤毛筆習字クラブ（製紙工業所の見学，和紙をすく実習，雅印の彫刻実習，作品の裏打ち実習）などを行っている。

　奈良県立城内高校では，「園芸」と「総合実習」の2科目が設置されている。「園芸」は普通科1年必修2単位，2，3年に選択各2単位とし，内容は草花，野菜，果樹栽培の理論と実習などである。「総合実習」は課外授業として，草花，野菜，樹木の栽培・管理が放課後当番実習（週交代，各2時間），休日当番実習により実施されている。

　神奈川県立田奈高校の場合，「勤労の時間」1単位を特設し，①1，2年同時展開，②金曜日の5，6時限に必修クラブと隔週で実施している。1学期は研究体制づくりと試行的実施に充て，2学期以降は次の5つの活動に取り組んでいる。①耕作＝除草，掘り起し，うねづくり，種まき，②大工仕事＝

設計，工作，③通学路整備＝空カン，ゴミ拾い，除草，みぞ掃除，④公園の整備＝除草，美化，⑤校内整備＝グランドとその周辺の整備，校内整備。

　転作奨励田や学校林を利用したケースもある。愛知県立安城東高校の場合は，学校隣接の転作奨励田と校内空地を利用した勤労体験学習を行っている。学習のための時間は長時間ホームルームないし月曜日の第7時限を特設時間として設定し，クラス単位でローテーション方式により実施している。収穫はサツマイモ753キロ，大豆8キロ，オクアズキ8キロ，菊1600本，ジャガイモ55キロで，オクアズキは1月末の耐寒暁天マラソンのときに「しるこ」にして食べている。

　山形県立新庄北高校向町分校では，「創作」と「園芸」を軸に体験学習を行っている。ホームルームを週2単位時間とり，うち1単位時間をこの活動に充てている。「創作」は地域の生活・文化と深いかかわりのある民具，民芸品づくりで，1年生はホウキ，2年生は足なか（農作業に使う小型のワラ草履），3年生は籐（トウ）のフルーツかごづくりである。「園芸」は1年生がホウマ草，大豆，アズキ，2年生がネギ，3年生がジャガイモ，ブロッコリー，カリフラワーを栽培した。このうちネギは半分を換金し，試食会経費とし，アズキは試食会で使っている。

　研究校では，研究は原則として教科・科目の履修ないし特別活動により行うものとされているが，教科・科目の履修により実施している学校はきわめて少ない。これに対して特別活動による勤労体験学習はすべての研究校によって取り組まれ，その研究テーマの多くは学校内外の環境整備，環境美化に集中しているという特徴がある。上述のような地域の特質を活用し，それぞれの学校に有利な条件を利用した創意工夫をつくした実践も少なくないが，多くの研究校が容易に実施可能なテーマに取り組んでいるのは，物的・人的条件が未整備である現段階ではやむをえないことであろうか[28]。

　とりわけ野外での体験学習の場合，自然とのふれあい，自然観察ないしは何か特定の農産物の栽培・収穫を通して自然に対する感性や科学的認識能力

や身体的能力の発達だけでなく，共同作業を伴うことによって，集団的な活動に取り組みうる能力の発達をも可能にすると考えられるだけに，必要な諸条件の確保がのぞまれるところである。具体的には，遊休地，不耕作地など，農地その他の確保，土地その他の利用や指導に際しての地域（住民）の積極的協力，父母による協力と支援，予算の確保などが，勤労体験学習を円滑につづけていくために当面必要と考えられるミニマムな条件といえよう。

(3) 課題と展望

それでは，右の諸条件さえ整えれば十分か。むろんそうではない。これらはあくまでも学習を維持していくためのミニマムな要件にすぎない。より抜本的には，現在の勤労体験学習のもつ基本的な問題点（課題）をおさえ，それらを克服していくための手だてが明らかにされなければならない。最後にこれらの点についてやや総括的に検討し，結語にかえたい。

冒頭で述べたように，労働経験の貧しさが，子ども・青年の発達のゆがみをもたらしている主要因であることが明白になっている今日，何らかの労働経験を伴う学習は緊要の課題である。しかし，これまで紹介してきた新教育課程が指向し，これにしたがって実施されている勤労体験学習をそのまま是認し，これに追従していくのでは，そうした問題状況をなくすことはおそらく困難であろう。現行の勤労体験学習がより正しい意味での労働の学習としての内実をそなえるためには，次のような基本的問題点が解明されなければならない。

第1に，望ましい勤労観・職業観の育成という目標における心情的・精神的ないし奉仕的側面が過大に強調され，勤労体験学習の道徳教育的効果が期待されているのに対して，科学的認識の形成にとっての勤労体験の役割・意義が必ずしも正当にとらえられていない点である。勤労体験の心情的・道徳的側面が過大に強調されるべきではなく，人格と知的・身体的諸能力の全面にわたる発達保障という観点がその基本理念として貫徹される必要がある。

第2に,こうした観点に立つならば,特別活動その他で間に合わせ的に行うのではなく,あるいは「勤労」の文字通り「体験」だけに終わらせるのではなく,小・中学校,高校に一貫した労働・技術に関する一定の教科・科目を中心とする系統的な理論学習が不可欠である。勤労体験と,それを科学的に裏づける理論の学習との結合こそ,科学的な労働観の形成を可能にすると思われるからである。日常的な教育活動におけるその位置づけが明確にされることなく勤労体験学習の真価を発揮することはできない。

　第3に,上からの一方的なおしつけ(教師主導)に陥る危険性である。学習活動にあたっては周到な指導体制が準備されるべきではあるが,生徒会など生徒の自治集団が企画・運営等に自主的・主体的に参加することが保障されなければならない。このことによって,かれらの集団づくりや自治的な活動能力といった社会的実践能力の発達が促進されるにちがいない。

　第4に,すでに指摘したので重複するが,内容の充実した活動を展開するためには一定の物的・人的条件が不可欠である。当然のことながら,施設・設備,指導者および予算が整備される必要がある。

　以上述べたように,勤労体験学習には払拭されるべき問題点も少なくない。しかし,父母・教師の地域ぐるみの協力と連帯が拡大・深化されていくならば,そうしたなかでこうした問題点も着実に克服されていくであろう。

注

(1) 拙稿「『発達の可能態』としての子ども理解」,『特別活動研究』No.182, 1982.12, 所収。本稿は同稿を大幅に加筆し,書き改めたものである。
(2) 川合章『民主的人格の形成——教育実践の基礎理論——』1972年,青木書店,143頁。
(3) 日高六郎「管理社会のなかの青年たち」,『ジュリスト総合特集・青少年——生活と行動』所収,1982.3。
(4) 全生研常任委員会『学級集団づくり入門』(第二版),1971年,明治図書出版,18頁。
(5) 能重真作『第三の非行』,1983年,青木書店,166－7頁。

第３章　生活・発達主体としての子ども・青年と生活指導

(6)　川上敬二『構内暴力の克服』, 1983年, 民衆社。
(7)　矢川徳光訳『クルプスカヤ選集1・生徒の自治と集団主義』, 1969年, 明治図書, 160頁。
(8)　小川太郎『教育と陶冶の理論』, 1966年, 明治図書, 149頁。
(9)　民間教育研究団体連絡会編『教育学基礎理論講座Ⅰ』, 1980年, 教育史料出版会, 146頁。
(10)　『中津川市教育研究所研究紀要』第八集, 1977年。
(11)　同。
(12)　小川, 前掲書, 221頁。
(13)　川合章他編『生活指導実践ノート』1977年, 労働旬報社, 49頁。
(14)　小川太郎『教育と陶冶の理論』1966年, 明治図書, 124—125頁。
(15)　マカレンコ, 矢川徳光訳『集団主義と教育学』明治図書, 55頁。
(16)　正則学院教職員組合編『高校生活―青春をきずく生徒と教師たち―』1972年, 労働旬報社。
(17)　田代三良他編『講座現代の高校教育4（生活指導）』1978年, 草土文化, 134頁。
(18)　小川, 前掲書, 127頁。
(19)　小川, 前掲書, 136-137頁。
(20)　小川, 前掲書, 138-141頁。
(21)　丸木政臣『教育をつくる』1980年, 民衆社, 160-166頁。
(22)　教育科学研究会編『よみがえる高校教育』1980年, 総合労働研究所, 大島孝一他編『いま, 教師であること』日本YMCA出版部, 82年, 愛知私教連編『私学にひるがえる旗』81年, 高校生文化研究会等。
(23)　例えば宇留田敬一『特別活動』81年, 第一法規等。
(24)　『小川太郎教育学著作集』第四巻, 80年, 青木書店, 123頁。
(25)　小川, 前掲, 124頁。
(26)　川上敬二『校内暴力の克服―絶望から希望へ―』83年, 民衆社。
(27)　『内外教育』3148号, 1980年5月30日, 時事通信。研究校の実践例は同誌による。
(28)　「現代社会と勤労体験学習」『中等教育資料』408号, 1980年2月号。

71

第4章　中学生の価値観形成と道徳教育

1　中学生と道徳

(1)　成長を阻害するもの

　中学3年間の子どもは，ほぼ青年前期にあたる。発育の最も盛んな時代である。精神的自我にめざめ，理想と現実のギャップに悩んだり，種々の障壁に対して反抗を示したりしはじめる一方，物事に対する判断力や認識力や感受性をめざましく発達させていく旺盛な時代である。

　しかし，子どもたちを取り囲むわが国の社会の現実は，彼らが真に正しく，健やかに成長することを十分に保障しているだろうか。社会の矛盾や退廃は家庭や学校のなかにも容赦なく浸透し，子どもたちのはつらつとした自己形成をいちじるしく阻害しているといえよう。

　子どもたちの成長・発達を阻害する代表的なものとして，差別と選別の受験教育体制をあげないわけにはいかない。彼らは，非人間的な身をさいなまれるような勉強に追われ，ひたすら得点順位をあげるための競争にかりたてられている。表面では，深刻な動揺や緊張をおおいかくしていても，深層においては，高学年になるに従って，子どもたちのあいだに，競争や焦燥や不安や孤独の感情がますますつのっていくのが現実の姿である。

　激しい生存競争のなかで，テストが彼らの友情をいかに破壊し，心に深い傷をきざみつけていることか。同性間の友情もさることながら，異性への感

情を正しく育てていくことも，人間形成のうえで最も重要なことのひとつであるにもかかわらず，愛情の人間らしい成長をゆがめる圧力に当面して，テスト主義に順応するような勉強に専心することを強いられるという場合も決して少なくないのである。

(2) 道徳の中心的意味

現代のわが国の社会にあっては，政治や経済は国民の福祉より「公益」の名のもとに国家や大資本の利益を優先させているという批判があり，文化は国民の主体的な創造の営みを欠いた退廃したえせ文化で埋めつくされているなど，人間の尊厳に対する侵食・破壊作用は恐ろしい勢いで進行しているとも言えよう。そういう問題状況のなかで，子どもたちは無防備で放りだされているのである。三無主義——無気力，無関心，無責任——という精神状況が一般化し，道徳意識の退行や，価値観の分裂が彼らのあいだに顕著にみられるのも理由のないことではない[1]。

いま，「道徳」というものの一つの中心的な意味を，仮りに人間の尊厳をうちたてる特性という，すぐれて人間的価値にかかわることがらとしてとらえるならば，そしてさらにすすんで，その内実を人間的本質の自己実現と考えるならば，そういう意味における「道徳」の形成こそ，現代教育に課せられた重大な課題である[2]。子どもたちが，仲間たちとの共同の力で問題状況にあたり，これを打開しつつ，心身ともに健康で，はつらつとしたたくましい青年に育っていくことを可能にする「道徳教育」が今こそ求められていると言えよう。

2 中学校における道徳教育の実態

(1) 道徳教育の目的

それでは，今日，中学校ではどのような道徳教育が実践されているであろ

第4章　中学生の価値観形成と道徳教育

うか。「中学校学習指導要領」と「中学校指導書・道徳編」を手がかりに，中学校における道徳教育を規定する基本的な考え方を概観してみよう。

　学習指導要領においては，まず総則において，「学校における道徳教育は，学校の教育活動全体を通じて行う」(傍点引用者)ことを基本とするとし，「したがって，道徳の時間はもとより，各教科及び特別活動においても，それぞれの特質に応じて適切な指導を行わなければならない」と，道徳教育の基本的なあり方が規定され，その実施にあたっては，「教師と生徒及び生徒相互の人間関係を深めるとともに，家庭や地域社会との連携を図り，日常生活における基本的な生活習慣や望ましい人間関係の育成などにかかわる道徳的実践が促されるよう配慮しなければならない」とされている。

　このような道徳教育の基本的なあり方を前提としたうえで，これにつづいて道徳教育の目標を以下のように示している。

　「道徳教育の目標は，教育基本法及び学校教育法に定められた教育の根本精神に基づき，人間尊重の精神と生命に対する畏敬の念を家庭，学校，その他社会における具体的な生活の中に生かし，個性豊かな文化の創造と民主的な社会及び国家の発展に努め，進んで平和的な国際社会に貢献できる主体性のある日本人を育成するため，その基盤としての道徳性を養うこととする。」（傍点引用者）

　これは言うまでもなく，憲法と教育基本法に示された教育理念を継承した表現であり，道徳教育も基本的にはそうした目標理念をめざして行わなければならないことを明示している。その前提のうえに，より具体的には「人間尊重の精神」を「家庭，学校，その他社会における具体的な生活の中に生かす」ことのできる文化的，民主的，平和的な日本人の育成をめざすという包括的な教育全体の目標を，道徳教育の観点からとらえ，「その基盤としての道徳性を養うこと」を道徳教育固有の目標として設定している。

75

(2) 道徳の時間の目標

次に，道徳の時間においては，前述の道徳教育全体の目標に基づいて，「各教科及び特別活動における道徳教育と密接な関連を保ちながら，計画的，発展的な指導によってこれを補充，深化，統合し」，かくて「道徳的心情を豊かにし，道徳的判断力を高め，道徳的実践意欲と態度の向上を図ることを通して，人間としての生き方についての自覚を深め，道徳的実践力を育成する」ことを目標としている。

言いかえれば，まず第1に，道徳の時間における道徳教育は，「人間としての生き方についての自覚を深める」ことと関連させ，これと相呼応させるしかたで，「道徳的心情を豊かにし」，「道徳的判断力を高め」，「道徳的実践意欲と態度の向上を図る」のでなければ，中学校段階にふさわしい指導の実をあげることができないとする基本的態度が示されている。第2に，道徳の時間の指導の特性上，とくに「道徳的心情」と「道徳的実践意欲の向上」を重くみようとする考え方が明らかにされている。

(3) 道徳の時間の内容

学習指導要領は，道徳の時間において，3年間を通じ，計画的・発展的に指導されるべき具体的な内容として22項目をあげている。これらはいずれも生徒が当面する具体的な生活場面を仕切って，これに処する望ましいものの考え方や感じ方，あるいは生き方を指示するという形をとっている。小学校の54項目と比べると，これを基礎とし，かつそれとの連携を考慮しつつも，より具体的な生活場面に照応させ，一定の脈絡のもとに構成されている。

その主要な内容は次の4つの領域に区分できる。第1は，「自分自身に関すること」である。すなわち道徳の基礎としての道徳的価値を追求し，日常生活の基本的な行動様式を習慣づけるとともに，時と所に応じて適切な言語・動作ができるようになるための個人的に必要な具体的内容である（①「望ましい生活習慣」「節度と調和」，②「やり抜く意志」，③「自律の精神」，④「真

理・真実」，⑤「自己の向上」)。第2は，「他の人とのかかわりに関すること」である。すなわち，各個人が道徳的価値を対人関係のなかに生かし，豊かな個性と創造的な生活態度を確立していくために社会人として必要な教養を包含した具体的内容である（①「礼儀」，②「人間愛」，③「友情」，④「男女の人格尊重」，⑤「個性や立場の尊重」)。第3は，「自然や崇高なものとのかかわりに関すること」である。すなわち，自然・生命といった「人間の力を超えたもの」への道徳的自覚を培う内容である（①「自然愛」，②「生命の尊さ」，③「人間として生きることの喜び」)。第4は，「集団や社会とのかかわりに関すること」であり，集団や社会さらに国家の成員として必要な道徳性を発達させ，よりよい社会・国家の建設に協力する人間の育成に必要な具体的内容である（①「集団の意義」，②「法の精神」「公徳心」，③「正義」「社会連帯の精神」，④「勤労の尊さ」，⑤「父母・祖父母への敬愛」，⑥「学級・学校の一員としての自覚」⑦「地域社会の一員としての自覚」，⑧「日本人としての自覚」「愛国心」⑨「世界の中の日本人としての自覚」，表4－1参照)。

　これら，学習指導要領に示された道徳教育の具体的内容は，いずれも中学段階で形成されるべき重要な道徳の内容であることは否定できない。しかし，やや批判的に検討するなら，とりわけ，そこに示された個々の徳性の総体的な構造を考えると，個人の生活規範を重視し，個々人の日常生活に必要な教養や道徳性を培うことを基調としながら，結局はそうしたものが個人を包む社会・国家の建設に協力・奉仕するという枠のなかに位置づけられていることが見逃されるべきでない。

(4) 道徳の時間の指導方法

　最後に，学習指導要領は，道徳の時間の指導にあたってまず必要なことがらとして，次の諸点を配慮すべきことを述べている。①年間指導計画においては，道徳教育の全体計画に基づいて，各教科及び特別活動における道徳教育との関連を示す。計画の作成にあたっては各学年における指導内容の配列

表4－1　内容の要点

内　　　容	指導上配慮すべき点
(1)自分自身に関すること	①望ましい生活習慣，心身の健康，節度と調和 ②希望と勇気をもってやり抜く意志 ③自律の精神，自主的に考え，誠実に実行 ④真理・真実を求め，理想の実現 ⑤自己の向上，個性の伸長
(2)他の人とのかかわりに関すること	①礼儀の理解，適切な言動 ②人間愛の精神，感謝と思いやり ③友情の尊さ，友達との励まし合い，高め合い ④男女の人格尊重，健全な異性観 ⑤個性や立場の尊重，謙虚な広い心
(3)自然や崇高なものとのかかわりに関すること	①自然への愛，豊かな心，人間の力を超えたものへの畏敬の念 ②生命の尊さの理解 ③人間として生きることの喜び
(4)集団や社会とのかかわりに関すること	①集団の意義，役割と責任の自覚 ②法の精神，自他の権利・義務，公徳心 ③正義，公正・公平，社会連帯の精神 ④勤労の尊さ，社会への奉仕の気持ち ⑤父母・祖父母への敬愛，家族の一員としての自覚 ⑥学級や学校の一員としての自覚，教師や学校の人々への敬愛，協力 ⑦地域社会の一員としての自覚，高齢者への尊敬と感謝 ⑧日本人としての自覚，愛国心 ⑨世界の中の日本人としての自覚，国際的

を工夫し，各学年間の関連をはかる。②生徒や学校の実態に応じて必要な内容項目を重点的にあるいは繰り返して取り上げたり，いくつかの項目を関連

づけて指導・工夫する。③人間としての生き方についての自覚とかかわるよう留意し，生徒の発達段階を考慮して適切な指導を行う。低学年では基本的な生活習慣を，高学年では世界の中の日本人としての自覚が深まるよう配慮する。④生徒が興味をもつ教材の開発，個性に応じた指導の工夫など，生徒が自ら道徳的実践力を高め，内面に根ざした道徳性の育成がはかられるよう配慮する。⑤家庭や地域社会との共通理解を深め，相互の連携をはかる配慮。⑥各教科の評定は不適切。⑦学級担任の教師が指導する。

(5) **道徳授業の具体例**

　学習指導要領に示された以上のような道徳教育の基本的理念のもとに，道徳の時間には，どのような授業が展開されるのであろうか。授業実践の手引きとして利用するように勧奨されている文部省編『中学校道徳の指導資料』から，一例を次に引用してみよう。

Ⅰ　**指導案**
　①主題名　愛国心（三単位時間）
　②主題の設定の理由
　　第二次世界大戦後の日本においては，敗戦による民族的誇りの喪失，かつての愛国心が，ともすると民族的偏見や独善的な排他的感情に連なったことへの反動，思想的立場の相違に基づく愛国心の考え方の対立などによって，国民としての自覚や国を愛する心が欠けがちであるといわれている。したがって，このような雰囲気の中に成長してきた中学生は，自然的感情としての国や民族に対する素朴な愛情はもちながらも，それを意識化し，さらに理性化して，国家ないし国際社会との関係の中で愛国心のあり方を正しく把握しているとはいえない多くの問題点をもっている。
　　そこで，この主題の指導を通して，9か年の義務教育を終えようとする生徒に，国や民族に対する自然の感情を意識化させ，さらに理性化させて，国家の

成員としての自覚を深め，国を愛し，その発展を願う公正な愛国心を養いたい。

③ねらい

(1)本能的な自然の感情としての国や民族のしあわせを願う心情を培う。

(2)公正な愛国心について理解させる。

④指導計画

〈第1時〉オリンピック東京大会の思い出や愛国心に関する調査などをもとにして，国や民族に対する素朴な愛情はだれの心にもひそんでいることを気づかせ，愛国心について考えていこうとする意欲をもたせる。

〈第2時〉日本人としての自覚を意識させ，資料「愛国心について」を用い，愛国心について，めいめいの意見と比較しながら考えさせる。

〈第3時〉資料「愛国心について」をもとにして，愛国心についてさらに深く考えさせ，国や民族を愛する本能的な自然感情を基盤として，これを意識化し，さらに理性化して国民としての自覚を高め，国家の発展や民族のしあわせを願う心情を培う。

⑤指導過程

〈第1時〉

(1)準　備

○オリンピック東京大会を思い起こし，特に心に残っている感想をノートにまとめさせておく。

○愛国心に関する調査を実施し，その結果をまとめておく（できればプリントしておく）。

（調査例　・あなたは自分が日本人として生まれたことを誇りに思いますか。・あなたは日本人が国際的な賞を受けたり，国際試合に勝ったりしたとき，どんな気持ちがしますか。・あなたはふだん日本人という意識をもったことがありますか。・あなたは「君が代」を歌ったり，「日の丸」を仰いだりしたとき，どんな気持ちがしますか。・あなたは「国を愛する」ということにつ

いてどのように考えていますか。)

(2) 導　入

〇オリンピック東京大会の思い出を話し合わせる。

〇オリンピックで，メインポールに日の丸があがり「君が代」の演奏を聞いたときの感想を発表させる（素朴な国民としての感情は，だれの心にもひそんでいることに気づかせる）。

(3) 展　開

〇アンケートの結果を話す（プリントに結果がまとめてあるならば，それを配布して考えさせる）。

〇アンケートをもとにして，次のようなことを中心に話し合わせる。

・わたしたちはどんなときに，日本人のひとりであるという感じをもつか。

・日本人のどんな点がすぐれていると思うか。また欠点はどんな点だろうか。

・どんなとき，日本人として生まれたことを誇りに思うか（また劣等感や不満を感じたことはないか）。

〇「あなたは自分が日本（独，英，仏）人として生まれたことに誇りに思いますかという問いに対して，いいえと答えたものは，日本では13.4%，ドイツでは13.2%，イギリスでは10.1%，フランスでは4.2%であるが（九州大学比較教育研究所調査），このことについて考えさせ，話し合わせる。

・自分たちのクラスの結果と比べてみる。

・この問いに対する他国の結果と，日本および学校（学級）の結果とを比べて，そこにひそむ問題点を中心に話し合わせる。

(4) 終　結

本時の話し合いをまとめ，国や民族に対する素朴な愛情を意識化させ，愛国心について考えていこうとする意欲をもたせる。

(5) 指導上の留意事項

〇話し合いは，形式的・抽象的なことばのやりとりに終らないように，生徒が

いま感じていること，考えていることを自由に話し合わせたい。教師は受容的態度をもって指導を進めていくようにする。
○特殊な経験あるいは偏見に基づいて，国や民族に対する否定的な感情を一般化している生徒がいた場合，授業の中で無理に価値の転換をさせようと考えないで，事後の個人指導に発展させるように留意したい。

〈第2時〉
　(1)準　備
○資料「愛国心について」をプリントしておく。
○第1時の事前の調査（最後の項目）について意見を把握しておく。
　(2)導　入
○事前の学習を思い起こす。
○資料「愛国心について」のプリントを配布し，筆者の略歴を紹介し，本時の問題点を指摘して展開にはいる。
　(3)展　開
○資料を教師が朗読する。考えさせる問題点については，生徒の注意を喚起するため，解説を加える。
○国家と個人の関係について，次のような問題を中心としながら回答し，両者の関係を理解させる。
　・筆者は国家と個人の関係をどう考えているか。
　・戦前は国家を重んじ個人を軽んじたと筆者は述べているが，具体的にはどのようなことをさしているのだろうか。
　・戦後は国家を軽んじ，個人を重んずる傾向がでてきたと筆者は述べているが，具体的にはどのようなことをさしているのだろうか。
　・西ドイツの様子が書かれているが，この例から考え，西ドイツでは国家と個人の関係はどうなっているだろうか。
　・個人の幸福と公共の福祉との関係について，必要によっては憲法12，13条にもふれながら教師が解説する。

第4章　中学生の価値観形成と道徳教育

○資料を中心にしながら，国を愛する気持ちは自然の情であるとともに，自分の存在の母胎として愛する気持ちであることを，次の問いにもふれて，理解させる。
  ・「日本は愛するにたりる価値がないから愛さない」という考え方についてどう思うか。
  ・日本を，愛するにたるよい国にするのはだれだろうか（主権在民ということばとも合わせて考えさせる）。
  ・日本をねうちのある国とするために，国民一人ひとりはどのように行動したらよいのだろうか。
○国民的象徴としての天皇について，筆者はどう考えているか話し合い，天皇と日本国民との関係について理解を深める。

(4)終　結

日本という国をよい国だと思った経験や，このようなことをなくして，よい国にしたいと思った経験を話し合う（外国へ旅行した日本人の旅行記などを紹介してもよい）。

〈第3時〉

資料の後半「今日の思想は世界的であるが」以降を読み，世界と日本との関係，世界文化と日本の役割などについての理解を深め，公正な愛国心を培っていく。

特に，資料の「マルセルのことば」を手がかりとして，日本文化と世界文化の関係を深く考えさせるとともに，愛国心と人類愛が矛盾するものでないことを，他の資料などを活用して理解させたい。

Ⅱ　資　料

第2，3時用　天野貞祐「愛国心について」（文部省編『新しい道徳教育のために』から）

愛国心について

　戦前は個人を軽んじて国家を重んじてきたが，個人をそまつにすることがどんなに悪いかは，敗戦という事実がよく証明している。それにひきかえ，戦後は，個人を重んじすぎて，国家を軽んずる傾向ができてきたことも，望ましいことではない。

　わたしは５月から７月にかけて西ドイツに行ってきたが，国が富んで，まことにうらやましく思った。西ドイツでは，国の経済をいためないように戦後ストライキはやらなかった。最近になってやったが，すぐ妥結したという。ギムナジウムの教室には，ちりひとつ落ちていず，無月謝で，教育がりっぱに行われている。レストランでは，年寄り夫婦が楽しそうに食べていたし，ひとりっきりで来ている人が少なく，夫婦相たずさえていた。貨幣価値は東ドイツの４倍も高いので，東から西に逃げこんでくるものが非常に多い。これらの国情から見て，日本もぜひ，西ドイツのようにしたいものだと思った。

　なお，ベルリンには，自由・正義・平和と書かれた碑が建っていたが，これは東西ドイツの統一ができるまでの悲願を表すものであるとのことであった。

　日本の将来を思うとき，個人も国家もともにたいせつにしなければならない。

　国の道徳と個人の道徳とには違いがあることについて述べてみよう。

　個人の道徳より国の道徳のほうが程度が低いということができる。国と国との間に，個人と個人との間のような道徳をそっくり行うことはできない。個人間にあっては，身を殺して仁を為すこともできるが，国家間には通用しない。つまり国の道徳と個人の道徳との間には次元の違いがあって，まったく同じにはいかないことを考えておかなければならない。

　ヨーロッパでは，自分の国を愛するということは，あたりまえのことになっている。日本では，愛国ということについて，問題になっている。それはどういうことかというと，国が自分の生活をよくしてくれれば，国を愛する値打ちがあるから愛するのだという考え方である。元来，愛国心は利害を超越したところにある。祖先このかた同じ島に住み，同じことばを使い，同じ皇室をもち，同じ運命

第4章　中学生の価値観形成と道徳教育

をになった運命共同体としての国に対して，当然愛情をもつべきであり，この自然にわき出てくる心持ちを，愛国心と考えたい。

　また，愛ということについても，いろいろの考え方があるが，次の3つについて考えてみよう。

　第1は，草花や動物を愛する自然愛で，これは自分本位の愛である。

　第2は，学問・芸術を愛する文化愛で，対象は客観的価値をもつものである。

　第3は，親子間の愛という人格愛で，愛国心はこれに近いと考えられる。

　つまり，国に値打ちがあるようにするには，まず，自分自身をよくすべきであり，そのためには，自分のあり方に忠実でなければならない。中庸に「その位に素して行なう（注）」とあるのは，これをさしているのであろう。自分の存在の母胎として，自分の国をよくしていこうとすることが，国を愛するということである。

　ランケは「祖国というものは，どこへ行っても自分とともにあり，いつもそれを背負って離れがたいものだ。うちのしもべは世界中を歩いてきたが，その動作はひとりの年老いたフランス人である」といっている。これと同じように，わたくしたちは，どこへ行っても日本人であり，日本人でなくなることはできないのである。

　天皇については，憲法第一条どおりに考えればよい。天皇は日本国の象徴であり，日本国民統合の象徴である。象徴を平たく言えば目に見えないものを，目に見えるもので表わしたとき，その見えるものをさしていう。したがって象徴は，目に見，手につかむことのできる，感覚的のものである。

　日本国の象徴という場合の，日本国とは，祖先このかたこの同じ島に住み，同じことばを使い，同じ運命を背負ってきた運命共同体という目に見えないものであるが，それを天皇で表わしていると考えるのである。つまり，天皇は日本国の象徴だから，天皇を尊ぶということは日本国を尊ぶこととなる。

　また，天皇は日本国民統合の象徴であるが，また国民の中心とも言える。それは，政治的・宗教的象徴ではなく，道徳的意味で国民統合の中心ということであ

85

る。そこで，天皇を敬うことは，日本国民を敬うことと同じである。

　今日の思想は世界的であって，国家のことを重んずる思想は保守反動だといわれるかもしれないが，いったい，人類があり，民族があり，国家があるのは，すぐれた文化を創造するためにあるのである。後世の宝となる文化を生み出し残すことが，人類の理念である。世界の国をひとつにしてしまったり，国語を統一してしまっては，よい豊富な内容をもった文化はつくれない。マルセルも，「国語をひとつにしてしまっては，詩はつくれない」と言っていた。特徴をもった国々があって，個性的な文化をつくり，オーケストラのように世界全体が調和してはじめて，そこに世界の文化ができるのである。日本文化を世界的視野で育てることが，日本を思い，世界を愛することになる。よい日本人をつくることは，よい世界人をつくることである。日本人で世界文化に貢献した人々は，みな東洋的で日本を愛した人々であることを考えれば，この理は明白であろう。内村鑑三も，福沢諭吉も，西田幾多郎も，みな堂々たる日本人であった。内村鑑三先生の『聖書之研究』の標語は「キリストのため，国のため」という語であったが，キリストを愛することは，日本を愛すること，国のために尽くすことは，世界のために尽くすことという意味である。われわれは「世界か，日本か」という立場でなく，「世界も，日本も」という考えのもとに教育にあたりたいものである。

　（注）その地位・立場に安んじ，全力をつくすこと。

　以上，文部省が示す道徳教育の基本的な考え方をおおまかにみたのであるが，これを要約していえば，すでに「期待される人間像」（中央教育審議会答申，1966年1月）において明確に語られているように，「国家に対する愛情」「国家意識の育成」がとりわけ強調されていることである。それも，単に社会・国家に対する愛情を心情的レベルにとどめておくだけではなく，「進んで国家の発展に尽そうとする態度の育成」がめざされていることを見逃すべきでないであろう。このような態度をもつ日本人を育成する基盤としての道徳性の形成が，道徳教育固有の目標として位置づけられているのである。

しかし，現実に学校で取り組まれている道徳教育の実践のなかには，右にのべた考え方には必ずしも依拠しない，教師と生徒による自主的，創造的な実践も決して少なくないであろう。冒頭で述べた自主的な道徳意識の形成を可能にするためには，そのようなすぐれた実践がいっそう深められ，今日の道徳教育のもつ問題が着実に打開されていく必要がある。

3　中学校における道徳教育の課題

(1) 道徳教育の問題点

これまで述べてきた道徳教育の考え方には，克服されるべきいくつかの問題点がふくまれている。次に，その主要な問題点を明らかにしてみたい。

第1に，公教育が個々人の内的価値にかかわりうる限界性の問題である[3]。人間の内的生活，人生観，世界観，価値観に関することがらに行政権力が介入し，干渉することは，民主的な近代社会においては許されるべきことではない。したがって，そういう問題を内包する今日の道徳教育は，まず基本的に民主的教育行政の原則に抵触するものと考えられる。個々人の内的価値は，国家的権威によって上から強制されるべきものではなく，それぞれの内なる精神によって自律的・主体的に形成され，選択されるべきものであり，その意味で，現行の特設道徳教育が個人の尊厳を重んずる教育基本法の精神と，矛盾する側面をもっていることは見逃すべきでなかろう。

第2に，特設教科主義のもつ問題である。もとより道徳教育そのものは，その形式や内容において，教師や生徒たちの自主性が尊重されるならば，否定されるべきものではない。しかし，そういう意味の道徳教育は，学習指導と生活指導のすべてをふくむ教育実践全体を通して，全教科の有機的で，一体的な教育活動によって行われなければならない。もちろん，学習指導要領も一面ではそれを重視してはいる。しかし，生徒指導のあらゆる瞬間において，教師と生徒との生きた接触における具体的な指導として，道徳的価値の

自己形成としての道徳教育が行われなければならないということは，強調してもしすぎることはない。道徳の時間を特設することは，もっとも具体的でなければならないはずの道徳教育を，抽象化させ，概念化させる結果になるであろう。たとえば，国を愛し，民族を愛する心情は，確かに重要なエートスといえる。しかし，愛国心は，一方では一人ひとりの人間を真に尊重する人間観によって直接裏付けられていなければならないし，他方，他の国や民族を尊重し，全世界の人類の幸福と平和を念願する人類愛によって直接支えられたものでなければならない。愛国心を人間（人類）尊重のエートスから切り離して取り上げるならば，そこにも愛国心の抽象化や概念化が行われざるをえない[4]。

　第3に，徳目主義のもつ問題である。学習指導要領に示された22項目の内容はいわば徳目である。指導書は，一応相互の関連性を重視するなど，徳目主義の陥りやすい欠点を是正しようとはしているが，特定の徳目を外から押しつけ，注入するという基本的な性格はぬぐいさられてはいないといえる。子どもたちが，まさにそのなかで生きていかなければならない現代社会のもつ具体的問題状況とは，何らかかわることなく概念化され，抽象化された徳目が正しい形でかれら自身の主体的な価値として定着し，内面化することはきわめて困難であろう。

　第4に，道徳教育の内実に一貫する基本的な思想に関する問題である。かつての「道徳実践要綱」は，その歴史的社会的形成過程が抽象化されて，その結果だけが提出されるという，いわば「真空の近代主義」に立つ内容であった[5]。しかし，その後，国家が個人の自己実現を保障する主体としてとらえられるのではなく，むしろ逆に国家への個人の貢献・奉仕を前提としてはじめてかれの自己実現が可能とされる考え方，言いかえれば，「真空の近代主義」からさらに一歩後退した国益優先の思想が顕著になってきている。こうした考え方のなかに，天皇制国家への忠良な臣民を育成することをめざした修身教育へ今日の道徳教育が再び逆行する危険性がないとは言えない。個人の尊

厳より国益重視を前面に押し出す教育思想は，憲法や教育基本法に規定された民主的教育理念になじまないと言わなければならない。

　第5に，現行教育課程に示された各教科の全般的な道徳主義化，しかも個人的徳性より公民的資質を優先する傾向が問題として指摘されなければならない。たとえば，国語の場合「国語の教育が国民性を育成する」ものであることを明確にしている他，社会科の場合にも，「公民としての基礎的な教養を培い」「民主的な国家・社会における公民的資質を養う」ことをその基本的性格とし，全体として徳目に奉仕する社会科教育のあり方が示されている。また，音楽科においても，「国民性を育成するうえに適切な」教材を選定するとか，家庭科，体育科などにおいても道徳との関連が重視されている。さらに，特別活動においても，国旗の掲揚と国歌の斉唱を強調するなど，全体として徳育中心の教育体系が貫ぬかれているといえる。道徳教育が各教科や特別活動との相互の緊密な関連をはかって，全教育課程を通して行われるべきことは言うまでもない。しかし，いうところの道徳教育とは，子どもたちの自主的・主体的な道徳意識の自己形成を側面から助成指導するという意味のものでなければならない。教科や特別活動の道徳主義化をすすめることは，教科のもつ科学的系統性をゆがめ，特別活動における自治・自主活動を阻害するだけでなく，本来の道徳教育の実現を困難にするであろう。

(2) 課題と展望

　冒頭で述べたように，今日のわが国の子どもたちにとって，彼らをとりまく家庭や学校や社会は，彼らの正しく，健やかな心身の成長・発達を十分に保障しえているとは思われない。むしろ実態はきわめて深刻であり，子どもたちの道徳的退行や価値意識の分裂の傾向は複雑な社会的諸要因とからまって，いっそうその打開の方法をむずかしくさせていると言わなければない。こうしたなかで，豊かな知性と情意をもって他者と連帯し，当面する問題を問題として自覚し，主体的にそれにあたって一つひとつ打開し，克服してい

くことのできる，そうした生きいきした，人間性の豊かな人間をいかにしてつくることができるのであろうか。このことが道徳教育の課題であるとすれば，それは同時に，教育全体に課せられたもっとも重大な今日的課題のひとつである。

このように考えるならば，道徳教育はすべて不必要というべきではなく，現行の道徳教育の問題性を克服しつつ，その可能性を積極的に拡大することによって，むしろ自主的な道徳意識の自己形成の指導という意味の道徳教育はさらにいっそう深められ，発展させられなければならない。

それでは，中学校において，いま述べたような意味の自主的な道徳教育はどのように行われるべきであろうか。その基本的なあり方を次に考えてみよう。

第1に，何よりも子どもたちに自然や人間や社会についての知的認識を十分与えなければならない。教科指導によって科学や文化の基礎がそれらの論理的系統に従って正しく伝えられるならば，それによって培われる知的認識は人格の価値意識の構造化に寄与し，道徳教育の基礎となるであろう。現行の教育課程は全般的に徳育中心の教育体系であることは先に指摘したとおりである。しかし，道徳と客観的な知的認識は矛盾するものではなく，補強しあうものであるがゆえに，生活現実をリアルにとらえ，そこにある問題をするどく洞察する科学的認識力こそ，よりよい道徳的価値をはぐくむための不可欠の要件と言えよう[6]。

第2に，知的認識とともに，自主的な道徳意識の形成を図るためには，子どもたちの感性的情意的な発達を促進しなければならない。文学や芸術や体育や，さらに特別活動などの集団的活動によって，健やかな人間的感性・情意が豊かに育てられなければならない[7]。感性・情意と科学的認識が弁証法的に統一されることによって，すなわち陶冶と訓育の二つの教育的営為が正しく統一されることによって，子どもの人格と諸能力の全面的発達は可能となるであろう。

第 3 に，教師の役割である。前述の 2 点を達成するには，教科指導と生活指導をふくむ全教育活動を，教師がいかに指導するかという問題に必然的にかかわってくる。教師は，言うまでもなく子どもの発達段階に即して科学や文化の基礎を教授することを専門とする教育者である。しかし，それと同時に，自らのおかれた状況のなかで，ひるむことなく問題にぶつかり，その打開と克服のために一歩一歩努力し，潑剌と自己実現をめざす一人の人間として生き方が，教師には求められるのである。教師が彼の当面する具体的な生活状況のなかで，主体的に誠実な生活を営み，自己形成していく，そうした教師の生きざまこそ，子どもたちの道徳意識の形成にとって，測り知れないインパクトを発揮しうるものと考えられるからである。

総括的に言えば，公教育の担うべき広義の道徳教育は，とりわけ人類の文化遺産としての知識の体系と歴史的社会的現実認識とを結合する正しい知識の教育，および集団のなかでの民主的判断力と実践力の教育，これらに基づく人間形成の総体を意味するといえよう。そうした教育こそ，平和と民主主義，そして基本的人権を尊重する道徳的価値の自立的形成を子どもたちに約束するにちがいない。

注

(1) 佐山喜作『中学生』1963年，岩波書店。
(2) 春田正治「道徳の本質と道徳教育のあり方」『現代教育科学』(No.128)。
(3) 宗像誠也『教育と教育政策』1961年，岩波書店，67－82頁。
(4) 上原専禄『歴史意識に立つ教育』1958年，国土社，250－252頁。
(5) 海老原治善『続・現代日本教育政策史』1967年，三一書房，354頁。
(6) 吉田　昇「現代社会における道徳と国民教育の創造」『教育学全集15・道徳と国民教育』1969年，小学館，改訂増補版1976，305－306頁。
(7) 吉田　昇，前掲論文，306－307頁。

参考文献

・小川太郎編『国民のための道徳教育』1958年，法律文化社。
・上原専禄『国民形成の教育』1964年，新評論社。
・日本子どもを守る会編『子ども白書』(子どものしあわせ刊行会)。

第5章　高校生の進路選択と入試制度

1　高校生の進路選択をめぐる問題状況
　　　——愛知県の高校生の意識調査から——

はじめに

　近年の非行，登校拒否等の急増，さらに昨今の校内暴力の激発といった問題が深刻な社会問題となっている今日，学校教育のあり方だけでなく教育というものの総体が根底から問われているといって過言ではない。こうした状況のなかで，子ども・青年の主体的な人生選択，進路選択をどう保障するかという視点から，入試制度をはじめ教育制度全体のあり方を検討することは当面の緊急な課題の一つである。

　1976年から79年まで日本教育学会・入試制度研究委員会では，入試制度の現実的機能やそのあり方を究明するという目的で，高校生の進路選択に関する調査研究が行われた。調査は，宮城，東京，愛知を中心にインタビュー調査とアンケート調査（「高校生の進路選択に関する意識調査」）により実施され，現代の青年の進路選択の実態と問題の所在を検討するうえで貴重な基礎データが得られた[1]。筆者もこの調査研究に参加し，愛知の調査を担当し，同地域の高校生の進路決定の実態を部分的ではあるがとらえることができたので，ここでは主にアンケート調査の結果をもとに，愛知とりわけ名古屋の高校生の進路選択の一般的傾向を明らかにし，若干の考察を加えてみたい。

アンケート調査（インタビュー調査結果をもとに作成）は，1977年12月から78年1月にかけて愛知県下14校，3学年生徒数1,094名を対象に実施された。内訳は普通科は国・公立5校，私立3校，職業科はすべて公立で商業科2校，工業科1校，農林科1校，水産科1校，家庭科1校（以下，aは最高の学力水準の県立普通科，bはaに準ずる県立普通科，cは国立大学附属校，dは中堅クラスの県立普通科，eは名古屋市立の新設普通科(非学校群)，fとgは私立普通科，hは私立女子校，iは県立商業科，jは名古屋市立商業科(i，jは準女子校)，kは名古屋市立工業科，lは県立農林科，mは県立水産科，nは県立家庭科で全員女子の高校である），被調査生徒数は普通科647名，商業科157名，農・水産科119名（うち水産科52名），工業科85名，家庭科81名である[2]。なお水産科(m)は以下の集計資料では農林科に含める場合もある。

　調査質問紙の主な構成は次のとおりである。
　フェース・シート　親の学歴・職業等
　Ⅰ　教科の好き嫌い，成績の良悪ないし職業志向
　Ⅱ　高校進学・高校選択の要因
　Ⅲ　高校教育に対する満足度
　Ⅳ　高校卒業後の進路選択の要因
　Ⅴ　高校生の人生観

(1) **教科の成績と職業志向**

　一般に教科の成績の良悪や教科の好き嫌いが進路選択に与える影響は十分予想されるところである。本調査ではまず，中学校から高校に至る間，「教科の成績の良悪」とその「好き嫌い」がどう変化し，それが高校の選択にどう関わっているかという質問を設定した。その結果によると，他地域の傾向と同様，愛知においても学校種別ごとにみると英語と数学が他教科に比べて顕著な特徴を示している。すなわち，普通科では相対的に中学期に英語と数学

第5章 高校生の進路選択と入試制度

が嫌いで成績が悪い者が少ないが（私立普通科，および一部準女子校を除く），職業科では逆に多いということが特徴的な傾向である。このことから中学校時代の英語・数学の好き嫌いと成績の良悪が高校選択に決定的に大きな影響を与えている要因の一つと考えることができる（図5－1）。

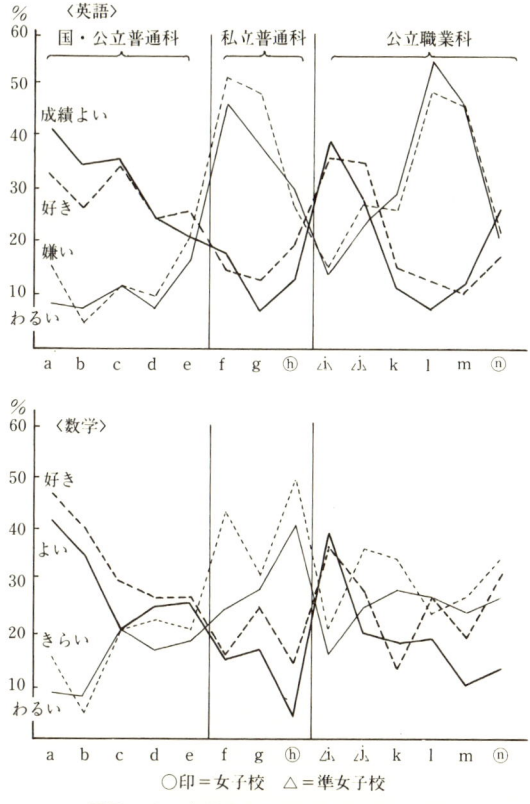

図5－1　中学時代の教科の好き嫌、良悪

- 公立・普通校は、英語・数学が「好き」、「成績よい」が、「嫌い」・「わるい」をうわまわる。
- 公立・女子校及び準女子職業校もこれに準ずる。
- 私立校は、まったく逆の現実。
- 男子系職校もこれとほぼ同様の傾向。

さらに「中学時代，将来なりたいと思った職業」と「現在なりたいと思う職業」を質問し，自由記述による回答をさせた。それによると学年が上がるにつれ現実的なものとなり，特定の数少ない職種に集中している。最も顕著な現象は工業科と農業科を除いて，全般的に「教育関係」の職業を志望する者がきわめて多いことである。具体的には普通科では圧倒的に教職志望者が多く，ついで技術者，医者など専門職が目立ち，職業科では実務的な職種を志望し，将来事業経営者として自立したいと考える者も少なくない点が注目される（表5－1）。

　この傾向も愛知だけでなく他の地域にも共通する傾向である。なぜ一般にとくに普通科では教職志望が圧倒的に多いのか。面接調査のデータをもあわせて考えると，現代青年の実利的な安定志向という側面も否定できないか，より基本的には，教師や親自身にも急速に変化する職業労働をトータルにとらえることができなくなっていることが，身近な教師を選ばせている一因と推定される。

(2) 高校選択の要因

　次に高校選択の要因を明らかにするために「あなたがこの高校を選んだ時，以下のことがらをどの程度考えに入れていましたか」と質問し，「学業成績」「模試の成績」「自分の興味・関心」「親の職業」「家庭の経済力」「高校の評判」「自分のなりたい職業」「通学距離」「友達の進学先」「家族の意見」「先生の意見」「その他」の12項目について，「よく考えに入れた」（＋2）「やや考えに入れた」（＋1）「どちらともいえない」（0）「あまり考えに入れなかった」（－1）「全く考えに入れなかった」（－2）の5段階で評価させた。その結果によると，「学業成績」がひときわ大きな影響を与えている要因であり，「家族」（女子の場合），「担任」がこれにつづいている。逆に，ほとんど関係のないものは「親の職業」や「友だち」である。学科別にみると，普通科の場合，「学業成績」につづいて「先生の意見」「模試の成績」「家族の意見」が

第5章　高校生の進路選択と入試制度

表5−1　小学校から高校に至る職業志向　　（　）内は実数

普通科

小学校	中学校	高校
教育関係 (93)	教育関係 (132)	教育関係 (107)
パイロット スチュワーデス (70)	医　師 (36)	事務系 (44)
スポーツ関係 (51)	技術者 (27)	技術者 (36)
医　師 (27)	パイロット スチュワーデス (25)	｛研究者 税理会計士 公務員｝ (21)
技術者 (25)	事務系 (23)	

商業科

小学校	中学校	高校
教育関係 (39)	教育関係 (23)	事務系 (29)
パイロット スチュワーデス (19)	事務系 (11)	教育関係 (13)
理容・美容 (10)	看護婦 (8)	商店主 (10)
看護婦 (7)	デザイナー (7)	栄養士 バーテンダー (8)
｛医師 デザイナー｝ (6)	理容・美容 (6)	｛芸能関係 理容・美容｝ (4)

工業科

小学校	中学校	高校
技術者 (9)	技術者 (17)	技術者 (28)
パイロット スチュワーデス (7)	デザイナー (12)	デザイナー (14)
教育関係 (6)	工員 (9)	工員 (9)
工員 (5)	教育関係 (6)	教育関係 (6)
スポーツ関係 (5)	｛医師 ジャーナリスト 芸術関係 その他｝ (3)	芸術関係 (3)

農林科

小学校	中学校	高校
パイロット スチュワーデス (15)	農漁業 (21)	農漁業 (18)
農漁業 (12)	事務系 (8)	パイロット スチュワーデス (11)
スポーツ関係 (9)	技術者 (8)	事務系 (9)
警察官 自衛官 (5)	教育関係 (7)	工員 (9)
｛教育関係 工員 技術者 国鉄｝ (4)	パイロット スチュワーデス (7)	技術者 (9)

家庭科

小学校	中学校	高校
教育関係 (32)	教育関係 (45)	教育関係 (36)
理容・美容 (10)	デザイナー (5)	事務系 (9)
商店主 (5)	裁ほう 洋裁 (5)	店員 (3)
｛看護婦 デザイナー その他｝ (4)	商店主 (4)	理容・美容 (3)
	｛理容・美容 事務系 その他｝ (3)	その他 (3)

97

高校選択の要因とされ，職業科の場合もやはり「学業成績」が最上位で，「家族の意見」「自分の興味・関心」「先生の意見」がこれにつづいている。これに対して全学科で「親の職業」「友だちの進学先や就職先」「家庭の経済力」は高校選択にさいして考慮に入れられてない。学科別の比較では職業科で「自分の興味・関心」がやや高く，普通科で「自分のなりたい職業」の順位がやや低い点が注目される。以上から，多くの場合，英・数教科を中心とする「学業成績」によって高校決定を行うという進路決定の基本的な枠組が存在することが実証されたといえる。今日の入試制度のあり方を考えるうえで見逃してはならない問題の一つといえよう（表5－2）。

さらに，こうして進学した高校での生活・教育に満足しているかどうかを調べた。「あなたは今まで受けてきた高校教育についてどう感じていますか」という質問に対して，「授業内容」「専門内容」「専門科目や実習」「クラブ活動」「ホームルーム活動」「生徒会・自治会活動」「受験勉強や試験」「学校の雰囲気」「友だち」「先生」の10項目について満足度を5段階に亘って評価させた。全学科共通に満足度が高いのは「友だち」だけであり，ついで商業科，工業科，「クラブ」「雰囲気」「専門科目」がやや高いが，「生徒会」を筆頭に「受験」「ホームルーム」「授業内容」「先生」などは普通科，職業科を問わずマイナスに評価されている（表5－3）。全般に満足度が低く，とくに自治的な諸活動に対する不満の高さが目立っている。この点での不満の高さはむしろ彼らの潜在的な要求が充足されていないことの表現といえないか。

(3)　高校卒業後の進路選択の要因

本調査によると，高校卒業後の進路希望は普通科全体では進学が85.5％，公立普通科が95.2％，私立普通科が72.0％，職業科全体で26.8％である。以下こうした学校種別による相違も考慮に入れ，進路選択の要因分析を行う。

本調査の主要課題である高校卒業後の進路選択の要因を明らかにするために2つの質問が設定された。まず第1に，進学ないし就職を決定する要因を

第5章 高校生の進路選択と入試制度

表5－2　高校選択の要因

	普通科	農業科	商業科	家庭科	工業科
－1.5	d 親の職業			d 親の職業	
－1.0	i 友だち g 自分のなりたい職業 e 家庭の経済力	i 友だち d 親の職業 e 家庭の経済力	d 親の職業 i 友だち	i 友だち f 学校の評判	i 友だち d 親の職業 f 学校の評判 e 家庭の経済力
－0.5	f 学校の評判 c 自分の興味関心	f 学校の評判 h 通学距離	g 自分のなりたい職業 e 家庭の経済力	e 家庭の経済力	
0	h 通学距離 j 家族 b 模試	k 担任 g 自分のなりたい職業 b 模試 j 家族 c 自分の興味関心	f 学校の評判 c 自分の興味関心 h 通学距離 b 模試	h 通学距離 g 自分のなりたい職業	h 通学距離 k 担任 b 模試 j 家族 g 自分のなりたい職業
＋0.5	k 担任 a 成績	a 成績	k 担任 j 家族 a 成績	b 模試 c 自分の興味関心 j 家族 k 担任 a 成績	a 成績 c 自分の興味関心
＋1.0					
＋1.5					

99

表 5 — 3　高校教育をどうみるか

	普通科	農業科	商業科	家庭科	工業科
−1.5					
−1.0		e 生徒会			
−0.5	e 生徒会 f 受験 d H.R. a 授業内容 i 先生 g ふん囲気 c クラブ	a 授業内容 d H.R. f 受験 i 先生 c クラブ g ふん囲気 b 専門科目	e 生徒会 f 受験 a 授業内容 d H.R. i 先生 b 専門科目 g ふん囲気 c クラブ	e 生徒会 c クラブ g ふん囲気 d H.R. f 受験 a 授業内容 i 先生 b 専門科目	d H.R. e 生徒会 a 授業内容 f 受験 i 先生 b 専門科目 g ふん囲気 c クラブ h 友だち
+0.5					
+1.0	h 友だち	h 友だち		h 友だち	
			h 友だち		
+1.5					

100

第5章　高校生の進路選択と入試制度

明らかにするために,「あなたは進学か就職かを決めるさい, 次のことがらをどの程度考えに入れましたか」という質問が設定され,「自分の成績」「自分の興味・関心」「自分の性格や向き・不向き」「親の仕事」「家庭の経済力」「すぐ自立したい」「資格をとる」「専門知識を身につける」「教養を身につける」「自由な時間が得られる」「安定した地位を得る」「囲りの皆が行くから」「自分の将来の人生計画・目標」の13項目について考慮に入れた程度を5段階で評定させた。その結果によると, 進学か就職かを決定する重要な要因は学校種別による相違はほとんどない。すなわち普通科, 職業科いずれの場合も「自分の興味・関心」が最上位で「自分の将来の人生計画・目標」「自分の性格や向き・不向き」「自分の成績」「専門知識を身につける」といった項目の順位が高く,「親の仕事」をはじめ「囲りの皆が行くから」「家庭の経済力」の順位が低い。さらに普通科では「すぐ自立したい」が, 職業科では「安定した地位」の順位が低い。以上の結果から高校卒業後の進路決定においては, 進学であれ, 就職であれ興味・関心・将来の人生計画, 適性, 成績が重要な要因であることが明らかになった（表5－4）。

次に,「あなたは現在考えている進学先・就職先を決めるさい, 次のことがらをどれくらい考えに入れていますか」という具体的な進路決定の要因を問う質問に対して,「学業成績」「模試の成績」「自分の成績のよい科目」「自分の成績の悪い科目」「自分の好きな科目」「自分の嫌いな科目」「自分の興味・関心」「自分の性格や向き・不向き」「親の職業」「家庭の経済力」「進学先・就職先の評価」「進学先・就職先の条件」「資格を得る」「友だちの進学先や就職先」「家族の意見」「先生の意見」「友だちの意見」「自分の将来の人生」「その他（自由記述）」の18項目について, 考慮に入れた程度を5段階に亘って評定させた。その結果によると, 普通科では「自分の興味・関心」,「自分の将来の人生」「学業成績」「進学先・就職先の条件」「自分の性格向き」が考慮に入れられた項目であり, 職業科では「進学先・就職先の条件」と「家族の意見」が相対的にやや高い点を除いて普通科と同様の傾向を示している。逆に

101

表 5 — 4　就職か進学かを決定する要因

	普通科	農業科	商業科	家庭科	工業科
-1.5				d 親 の 職 業 l ふ ん 囲 気	
-1.0		l ふ ん 囲 気	d 親 の 職 業 l ふ ん 囲 気		l ふ ん 囲 気
	d 親 の 職 業 l ふ ん 囲 気				d 親 の 職 業
-0.5		d 親 の 職 業 k 安定した地位 e 家庭の経済力	a 家庭の経済力	k 安定した地位 j 自 由 さ	e 家庭の経済力 k 安定した地位
0	f 自立志向 e 家庭の経済力 k 安定した地位	j 自 由 さ f 自立志向 a 成 績 i 教 養	f 自立志向 k 安定した地位 j 自 由 さ g 資格取得 i 教 養 h 知 識	f 自立志向 e 家庭の経済力 j 教 養 g 資格取得	f 自立志向 j 自 由 さ g 資格取得 i 教 養
+0.5	j 自 由 さ i 教 養 g 資格取得 h 知 識 a 成 績 c 性 格	g 資格取得 h 知 識 c 性 格 m 人生計画の一環 b 興 味	a 成 績 m 人生計画の一環 c 性 格 b 興 味	h 知 識 e 成 績 m 人生計画の一環 c 性 格 b 興 味	a 成 績 h 知 識 m 人生計画の一環 c 性 格 b 興 味
+1.0	m 人生計画の一環 b 興 味				
+1.5					

102

第5章　高校生の進路選択と入試制度

考慮に入れられない項目は、普通科では「親の職業」「友だちの進学先・就職先」「友だちの意見」「家庭の経済力」「先生の意見」であり、職業科では「親の職業」「友だちの進学先・就職先」「模試の成績」「自分の成績の悪い科目」「自分の嫌いな科目」である。普通科、職業科を問わず、そして進学・就職を問わず、高校卒業後の具体的な進路先の選択の主要な要因は、興味・関心、学業成績などであり、親の職業、友だちの進路先などはほとんど影響を与えないことがである。上述の結果は愛知だけでなく他の二地域にも全く共通する現象である（表5－5）。

　以上から、興味・関心を最重視し、普通科（進学）の場合は学業成績を、職業科（就職）の場合は就職先の条件をとくに考慮して進路決定するというのが一般的なパターンといえる。ところで、この興味・関心の具体的内容の自由記述をみると、広範囲にわたっており公立普通科の場合は、「人間の生命・細胞に対する関心」「核融合」「人間の心理」「古代史・民族学」といった学問的関心が顕著であり、私立普通科では「ファッションの商売」「鉄道の仕事」「洋裁」「子どもが好きで保母に」といったやや実務的、実践的関心に傾斜しており、職業科では「自動車」「生活の自立」「店をもちたい」「調理師」といった生活の自立、自活能力の形成に関わる実際的関心が目立っている。

　このように興味・関心の内容は様々ではあるが、とりわけ普通科の場合、進学にさいして興味・関心と学業成績、科目の好き・嫌いという必ずしも統一させ難い二つの要因の矛盾を自覚せざるをえない状況にあると考えられる。興味・関心、将来計画に基づいた進路選択が、学業成績によって変更を余儀なくされるというケースは、インタビュー調査の結果をみても決して少なくない。

　上述の調査結果では、具体的な進路先の選択において興味・関心が最上位の規定要因とされているものの、実質的には、成績がより決定的な規定力をもっていると考えることも可能である。すなわち、究極的には成績で進路を選ばされている状況の自己合理化として興味・関心を最優先すると回答した

103

表5-5　具体的進路の決定要因

	普通科	農業科	商業科	家庭科	工業科
-1.5				i 親の職業	
			i 親の職業		
-1.0	i 親の職業	n 友だちもいく b 模試		n 友だちもいく	n 友だちもいく j 家庭の経済力
	n 友だちもいく	q 友だちの意見 d わるい科目 f 嫌いな科目 i 親の職業 c よい科目 e 好きな科目 j 家庭の経済力	n 友だちもいく b 模試 d わるい科目 f 嫌いな科目 c よい科目 j 家庭の経済力 e 好きな科目	f 嫌いな科目 b 模試 d わるい科目 c よい科目 e 好きな科目	i 親の職業 b 模試 d わるい科目 f 嫌いな科目
-0.5					
0	q 友だちの意見 j 家庭の経済力 f 嫌いな科目 p 先生 b 模試	a 成績 p 先生 m 資格取得 k 評判	q 友だちの意見	j 家庭の経済力 q 友だちの意見 m 資格取得	q 友だちの意見 c よい科目 p 先生 m 資格取得 k 評判 e 好きな科目
+0.5	d わるい科目 e よい科目 m 資格取得 o 家族 e 好きな科目	l 条件 o 家族		k 評判 p 先生	l 条件 o 家族 a 成績
	k 評判 h 性格	h 性格	p 先生 h 性格 g 興味 k 評判 o 家族 r 自分の将来	a 成績 o 家族	
+1.0	l 条件 a 成績 r 自分の将来	g 興味 r 自分の将来	a 成績 m 資格取得 l 条件	l 条件 h 性格 r 自分の将来	r 自分の将来 h 性格 g 興味
	g 興味			g 興味	
+1.5					

104

という解釈もありうるであろう。いずれにしろ青年たちが自主的に人生選択を行い，主体的な生き方を自ら選びとっていくうえで，現行の選抜方式の入試制度のあり方がむしろ重大な障壁として立ちはだかっているといって過言でない。

(4) 高校生の価値観

　最後に，人生観，生活観に関する傾向を明らかにするために，「あなたは将来の人生・生き方は，以下の項目とどの程度一致していますか」と質問し，「たくさんお金をためて・豊かな生活をすること」「権力を握って多くの人を従える生活をすること」「貧しい人や困っている人々のために働く生活をすること」「自分の好きなこと（音楽・絵画・スポーツなど）に熱中できる生活をすること」「暮らしむきはまあまあでも，家族みんなが丈夫で暮らすこと」「宗教的な信仰と祈りの生活をすること」「世の中の正しくないことをおしのけて，清く正しく生きること」「好きな人と結婚して，楽しい家庭をつくること」「ひたすら自分の仕事や職務に励むこと」の9項目について「当てはまる」程度を5段階で評価させた。その回答結果は普通科，職業科を問わず，そして公・私立ともに「暮らしむきはまあまあでも，家族みんなが丈夫で暮らすこと」を最上位とし，「好きな人と結婚して楽しい家庭をつくること」「自分の好きなことに熱中できる生活をすること」を積極的に肯定し，「宗教的な信仰と祈りの生活をすること」を筆頭に「権力を握って多くの人を従える生活をすること」「貧しい人や困っている人々のために働く生活をすること」にはきわめて消極的に評価している（表5—6）。

　このことから現代青年の個人中心の，ややもすれば社会に対して閉塞しかねない小市民的な生活感覚ないしは価値観を読み取ることができる。それが現代の社会に生きる大人の生きざまの反映であることは紛れもないが，そうした価値観が，彼らの興味・関心や職業観の形成に直接，間接に影響を及ぼし，進路決定に一定の方向を与えているものと考えられる。

表5−6　生き方

	普通科	農業科	商業科	家庭科	工業科
−1.5					
	宗教的な生活		宗教的な生活		
−1.0		宗教的な生活	権力をにぎる	宗教的な生活	権力をにぎる 宗教的な生活
	権力をにぎる			権力をにぎる	
−0.5	貧しい人のためにはたらく	権力をにぎる 貧しい人のためにはたらく		貧しい人のためにはたらく	
	不正をただす	不正をただす	貧しい人のためにはたらく	不正をただす	不正をただす 貧しい人のためにはたらく
0			不正をただす		
			仕事にはげむ	お金をためる	仕事にはげむ お金をためる
+0.5	お金をためる 仕事にはげむ	仕事にはげむ		仕事にはげむ	
	好きなことに熱中する 好きな人と結婚する	お金をためる 好きなことに熱中する 好きな人と結婚する	お金をためる 好きなことに熱中する	好きな人と結婚する 家族丈夫にくらす 好きなことに熱中する	好きなことに熱中する
+1.0	家族丈夫にくらす	家族丈夫にくらす	好きな人と結婚する		好きな人と結婚する 家族丈夫にくらす
+1.5			家族丈夫にくらす		

第5章　高校生の進路選択と入試制度

(5) 結びにかえて

　以上の愛知の調査結果は，東京，宮城の2地域とほぼ共通しているといえよう。上述の特徴的傾向をあらためて要約すれば，次のとおりである。

　第1に，中学校段階における英語と数学を中心とする「学業成績」によって青年たちの多くが人生選択の方向をおおよそ枠づけられているといえる。

　第2に，高校段階での進路選択の主要な契機は「学業成績」とならんで，あるいはそれ以上に「興味・関心」とされているが，これら二要因の関係は学業成績を考慮に入れたうえで興味・関心を重視するというものと解釈でき，実質的には学業成績の進路決定に対する規制力はきわめて強くかつ基底的と考えられる。

　第3に，興味・関心の内容や社会との結びつきの希薄な個人主義的な「生き方」にも示されているように，学業成績（学力）重視の枠組のなかで，人生をどう選びとり，どう生きるかという青年のアイデンティティの形成にとって最も重大な問題に対する取り組みが十分に追求されているとはいえないと推定される。入試制度という巨大な選別機構を軸に展開する現行の学校教育のしくみ—とりわけ中等教育段階のそれ—のなかで，青年たちの自覚的な人生選択に裏うちされた主体的な進路選択は，著しく困難にさせられているといって過言でない。

　最後に，フェース・シートに記述させた親の学歴・職業と所属校の学力水準との関連に関するデータをとおして，いわば階層と学力の関連に関する問題に言及し，結びにかえたい。上記の調査結果によると，国・公立普通科の場合，私立普通科や公立職業科より親の学歴は高く，その職業も専門的・管理的職業に従事する比率が明らかに高い。各校のいわゆる学力水準と親の学歴・職業はみごとに対応している（図5-2，3）。やや大胆にいえば，学力と階層・相互の関係はかなりの相関を有しているといえる。したがって，青年の進路選択における学業成績の規制力の強さからみて，彼らの進路選択のメカニズムは親の階層，言いかえれば家庭の文化的環境や経済的諸条件等と

図5-2　両親の職業

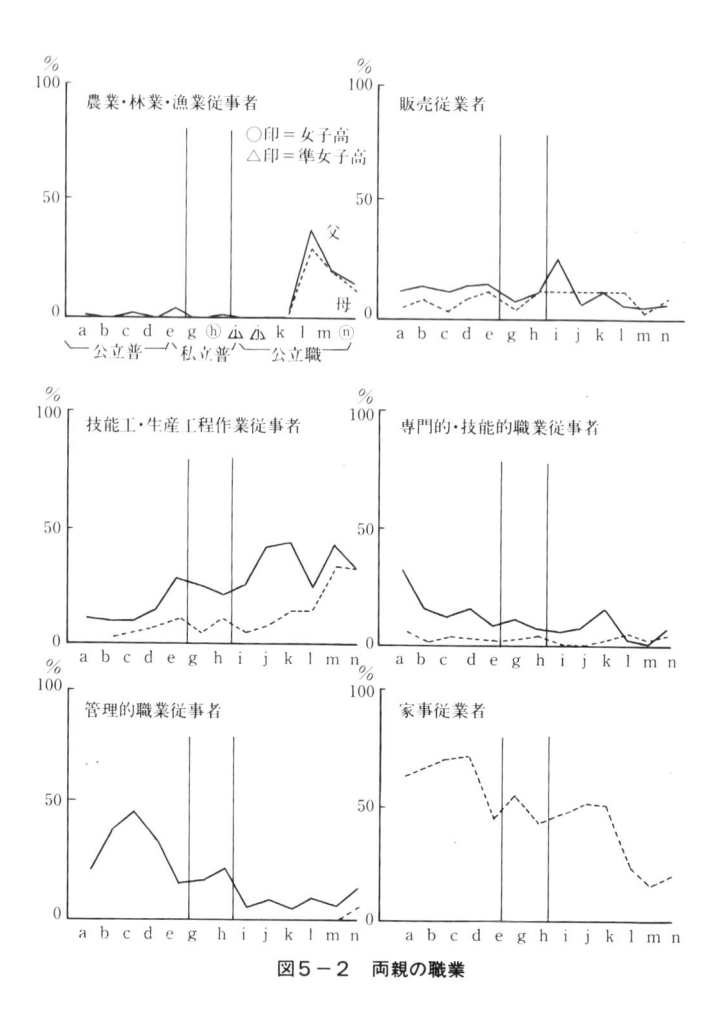

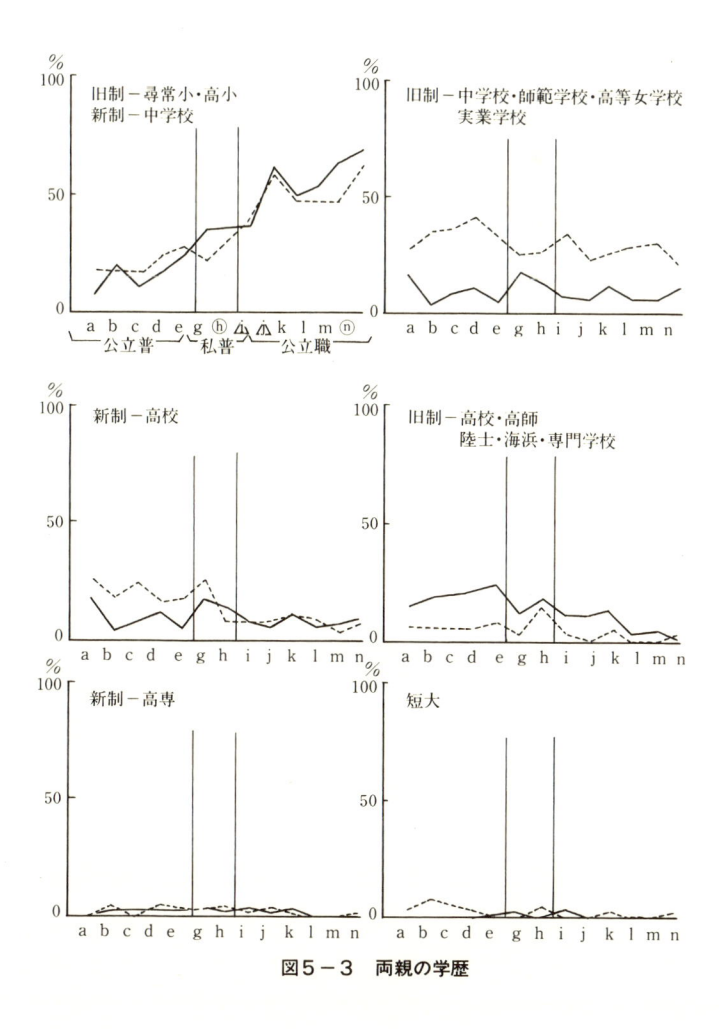

第5章 高校生の進路選択と入試制度

図5-3 両親の学歴

深い関連をもつと考えられる。このように本調査では，学力形成に及ぼす階層的諸要因の潜在的影響をも含めた進路選択過程の分析は，不十分な域を出なかったが，青年の進路選択問題のより基本的な法則的構造を究明するうえで深く追求されるべき課題である。

2 高校生の進路選択の諸契機──インタビュー調査からみた──

愛知地区では，インタビュー調査は，1977年6月から7月までの期間，県立普通科A，D校，国立大学附属普通科C校，私立普通科F，G，H校，市立商業科K校，県立農林科L校，以上8校の82名の三学年生徒を対象に実施された。インタビューは，主に，①現在の高校に入学した動機，②生い立ち・生育史，③現在の高校生活の評価，④高校卒業後の進路決定の契機の4つの内容から構成されている。以下，いくつかのケースを学校種別ごとに要約し，それぞれの特徴的傾向についてコメントしたい。

(1) 「生き方」と結びつかない進路選択
N・O（A校，女子）

父はアパートを経営する。妹がいる。小学校時代の夢は歌手か小学校の先生，中学の頃は医者であった。A校への進学は自分としてはそれほどこだわりもなく，進学で悩んだことはなかったが，母の勧めで決めた。高校では軟式テニスをやり，中学時代より楽しい。ただ中学の頃は勉強をしなくても成績はよかったが，高校ではみんながよくできるから寝てばかりおれない。志望大学は2年の3月，名大教育学部に決めた。理由は人生相談をやりたいからである。テレビの福祉関係の番組を見て感動したことやコンピュータの性格判断でも教育学部が適性と出たことによる。女性として職業をどう考えるべきかとか，結婚して仕事を続けるかといった問題は今のところ考えたことがない。今は大学に入ることだけで，将来のことは考えられない。大学に入

ったら，いろいろな友だちをつくったり，自分の好きなことを勉強するなど，羽をのばしたい。母はともかく大学に入るようにと，父は女らしく育ってほしいといっている。

　M・M（A校，男子）

　父は会社員（大企業）であり，一人っ子である。だから親からは期待されている。小さい頃は外務省に入って外国で生活してみたいと思っていた。A校への進学は小学校高学年からあこがれていたので決めた。高校生活には，クラブで友だちもできたし，人とのつきあいも深みができたので，満足している。趣味は映画と読書だが，時間の制約を受けている。大学進学は，英・数より国語・社会が好きなので，文系にし，さらに古典国文学が好きだけれど，就職のことを考えると経済，法律の方が道が広いと思うので，一橋大か名大の経済学部を志望することにした。文系では，文，教，法，経だが，教師はそれほどなりたいと思わないし，父も賛成しない。司法関係は人が人を裁くという責任の強いのには耐えられない。だから，商社マン程度が妥当と思い，経済を志望する。志望校の決定はだれかの影響があったわけでなく，自分で決めた。将来の職業は具体的には考えてないが，商社マン程度に落ち着くのではないか。現在は大学を出るところまでしか考えてない。

　現在の学歴社会は好きではないが，自分一人が反発しても仕方がない。やはり将来の就職の有利さという点で学歴に頼らざるをえないと思う。

　H・O（A校，女子）

　父は建築設計を自営している。兄はM大建築学科に在籍している。趣味はピアノ，勉強しながらラジオを聞くこと，本やマンガを読むことである。幼稚園の時は看護婦さん，小学校時代は先生になるのが夢だった。

　A校へは，いい高校に入って，せめて勉強だけでもできるようになろうと思って入った。高校では硬庭部に入り，他にピアノも習っていたので，勉強と両立させようとしてきたが，いずれも中途半端に終わった。中学時代は成績も良く，意欲もあり，高校時代よりハリがあった。高校での受験生活はは

たでみるほど苦しくなく，かえって楽しい。

　大学は，高校入学の頃，医学部に行き，精神科のような心理的な医学をやりたいと思ったが，成績の点で無理なので，心理学に変え，名大教育学部にした。

　将来のことについては，女性が職業をもってやっていけるのは先生がいいと思ったが，先生は人間を成績で格づけすることが多く，中学の頃はそれで満足していたが，高校へ来て成績が悪くなり，そんなふうに判断されるのはいやだと思うようになった。一生懸命勉強し，大学院へ行き，ずっと勉強できたらいいと思う。ただ，今の勉強はもう二度と繰り返したくない。これからの見通しは大学卒業までである。なるようにしかならないという感じもあるが，自分の考えをもつことが大事だと思う。

　大人の社会はきれいな社会ではないが，改革しようと思っても，できるものではないと考えている。

　T・M（A校，男子）

　父は会社員。弟は中学生である。小さい頃の夢は時と場合ですぐ変わった。趣味・関心はラジオでプロ野球を聞くこととスポーツである。悩みは勉強のことぐらい。クラブは1年のときサッカー部に入っていたが，家が遠いので，2年に文化部に入った。A校への進学は自分の能力に合ったところに行きたいということで，成績で決めた。

　大学は2年の校内模試の結果，東大理一を受けることにした。自分の適性はつかみきれないし，迷いもあるが，理科系のものへの関心，将来のこと，それに得意科目や成績で進路を決めた。大学進学の目的は，能力を伸ばすことと就職だけれど，羽をのばしたいという気持ちもある。

　将来の職業はまだ考えてないが，大学で学んだことが生かせる仕事ならいいと思っている。

　学歴社会はよくないと思うが，能力は客観的に評価しにくいが，学歴は客観的だから仕方がない面もある。

T・S（A校，男子）

　趣味はスポーツ，とくに野球である。中学時代はバレーボール，高校2年まで軟式野球で，現在は生物部に入っている。読書は，最近は推理小説しか読んでない。高1の時読んだ武者小路実篤の『友情』は感動的だった。

　A校を選んだのは，昔からの同校の伝統とA校という名前にあこがれたからだ。数学が嫌いだから文系クラスにいる。

　これからの進路は，サラリーマンは好きでないし，教師がなんとなく自分に合っているのではないかと思い，名大教育学部，それがだめなら愛教大の文系に入って，体育か英語の教師になりたい。家の人，とくに父は教師よりサラリーマンのほうがいいというが，自分の考えを通したい。自分としては，社会的，経済的に安定しているということからではなく，小さい頃からなんとなく教師というものが好きだからだ。適性があると思っている。

　今の学校では成績で差をつけるということが行われているが，そういうことはやめるべきだと思う。

　以上が，旧制時代からの伝統もあり，県下でほぼ最高の学力水準をもつといわれるA校のケースの一部である。インタビューしたケースのいずれの場合にも共通するのは，比較的家庭環境が恵まれ，親の期待が大きいと思われる点である。同校への進学は，愛知地区屈指の有名校だけに，小・中学校時代からあこがれをもっており，多くの場合，成績も最上位のようである。それだけに，学習とクラブを適当に両立させ，高校生活への満足度も他の普通高校とくらべ高いといえる。高校卒業後の進路選択（大学・学部の選択）に関して，A校のケースから次のような特徴点があると考えられる。

　第1に，大学進学の主要な契機は，アンケート調査結果と同様，興味・関心，適性のほか，成績（学力）にほぼ集中しているが，前掲の各ケースからも，より実質的には，文科系・理科系の決定にさいしては，アンケート調査の分析のなかで述べたように，とりわけ英語と数学を中心とする教科の成績

や好き嫌いが決定的な規定要因となっていることが推定される。

　第2に，かねてからほとんど自明のことであるためであろうか，高校から大学へのプロセスが，将来の自らの生き方を模索し，人生の方向を主体的に選択する一つの節目となっていない。このことの必然的な帰結と考えられるが，職業・労働観の貧しさが顕著である点である。たとえば，A校のケースでは教職志望者が圧倒的に多いが，「ただなんとなく教師が合っているから」といった漠然とした動機を語っている者が少なくない。明確な将来展望は，多くの場合，めざす大学までで，大学に入って今の勉強から早く解放されたいという期待が強調されているように，大学入学だけが著しく目的化され，その先の展望はきわめて希薄のようである。職業・労働観の貧しさは，大学進学において，どういう人生を選択し，現実の社会のなかでどう生きるかという問題を深く追求することなく，自己の個人的な関心と学力基準だけが選択の主要な基準とされているという，いわば非社会的な進路選択の在り方に起因していると言えよう。

　第3に，進路選択を規定する基本的な発想や社会観に関する傾向である。A校のケースの場合，小学校から高校に至るまで最上位の成績を確保し，きわめて順調な学校生活を経験してきたためであろうか，社会的に弱い立場にある人々への共感，そうした立場から発想する姿勢が相対的に弱いという印象は否めない。さらに，M・M，H・O，T・Mにみられるように，さめた現実主義，現状への適応主義といった価値観がやや目立ち，現状変革へのエートスが希薄である点が見逃されるべきでなかろう。

(2)　**学業成績による消去法的進路選択**

Ｓ・Ｓ（Ｃ校，女子）

　父は会社員。Ｃ校へは，受験の雰囲気がなく，のんびり3年間を謳歌できる学校だと考え，入学した。小学校の時はステュワーデスとかバレーボールの選手になりたかった。中学の頃は数学が好きで，薬剤師か医者になりたい

と思った。しかし，高校に入ってとくに3年になってから数学がだめになり，文科系に変えた。今では歴史，とくに日本史が好きだから，歴史をやりたい。数学がもう少しできたら国立にするのだが，仕方なく私立の文科系，歴史や法学，たとえば南山大にしようと思う。

　将来は，一度くらい司法試験を受けてみたい。ただ歴史だったらどうなるだろう。教師はやりたくない。短大よりも四大を選ぶのは自活の道が得られると思うから。でも女子の場合は男子とちがい，結婚までということで，切実でない。

　M・O（C校，男子）

　父は会社員。3人兄弟の長男。小さい頃はひかり号を動かしてみたいと思ったり，学校の先生や設計の仕事や普通の会社でもいいと思った。

　高校進学にさいして，兵学校出身の父は寮生活で鍛えるために豊田高専に入ることを勧めた。寮はつらいし，工業方面もあまり好きでなく，高専へ行けば将来の方向が決まってしまうのがいやだった。普通科ならいろいろな可能性があるし，中学の先生も同じ国立だからといってC校を勧めてくれた。C校へ来てみて感ずるのは，中学の時は貧しい人も不良っぽい人もたくさんいたが，C校ではまったく苦労してない人ばかりという感じだ。上流階級の人が多いし，何となく自分勝手な人が多い。今ではここへ来たことを後悔している。

　文・理系の決定は，古文が弱いということもあって理系にした。高2の段階で自分が何に向いているか判断できない。やはり将来自分のやりたい職業に通ずる大学を選ぶことが大事だと思う。将来の仕事は単調なのはいやだ。変化に富んだ，やりがいのある仕事がいい。大学を出て，いい会社に入って，家庭をもって，子どもを育ててというレールが決まっているけれど，今自分もこのレールの上を走り出したが，どこかで降りてやろうと考えている。

　D・S（C校，男子）

　C校へは母の勧めで受験した。兄と2人兄弟。中学1年からの夢は理学博

115

士。今も変わらない。兄が名大理学部に入り，兄の話を聞いていて興味がでてきたからだ。中学時代は，生物と地学が好きだったが，今は数学が好きだ。数学は理数科のなかでも答えがはっきり出る点に魅力を感ずる。

志望大学は，中学の時は父が東北大学の理学部がいいといっていたが，社会科があるのでやめた。今では，社会科のない千葉大の理学部を考えている。

将来は大学院に入って，一応博士号をめざしている。だめだったら中学か高校の教師でもと思っている。

H・O（C校，男子）

C校選択の理由は特別にないが，学校の紹介の要項をみて，指導がいいと思い，自分で決めた。

小学校の頃から，動物に関することがやりたいと思い，今でも変わりない。高卒後の進路は大学ではなく，分野で選びたいと思う。どこの大学でもその学部で自分のめざすものがあればいい。

将来は動物園に行くか，動物研究者になるか，自分でもわからないが，一番なりたいのは動物研究者だ。

A・T（C校，女子）

C校入学の動機は，中学から高校へ変わる時，学校が変わると内容が変わって困ると思い，中・高一貫して勉強したかったことである。高校生活は，ふりかえると自由な雰囲気だった。

小さい時は，ピアノの先生か学校の先生が夢だった。子どもが好きだから，今でも学校の先生になりたい。だから，愛教大の音楽が第1志望，芸術大は難しいので，あとは私大を受けたい。愛教大を選んだのは，社会と理科どちらか一つでいいということも関係している。

大学に入ったら，ピアノをやりなからバレーボール，琴，バイオリンなどをやりたい。マンガでみてすごくよかったので，ウィーン旅行もしたい。

男性は食べなければならないから大変だけれど，女性は自分のやりたいことをやればいいから大学を選ぶのもわりと自由だ。芸術関係でも，男性はよ

ほど才能がないとだめだけれど，女性はちょっとしたことでもやっていける。でも主人がポックリ逝ったら自分一人で食べなくてはいけないから，何か資格をもっているといいと思う。

　以上が，国立大附属高校・C校のケースの一部である。同校の生徒も，A校と同様，家庭環境に比較的恵まれ，親の期待に応えて，とくに問題なく順調な生活を送ってきたことがケースから推定される。しかし，恵まれた環境・条件と順調な生育歴とはいえ，問題がないわけではない。その進路選択の特徴的傾向は次のとおりである。
　第1に，高校選択の動機は，多くの場合，「自由な雰囲気」である。おおむねC校に対する評価は低くはない。少数ではあるが，M・Oのように，普通高校で一般的にみられる傾向に対する鋭い批判が存在することも見逃せない。こうした枠づけられた進路選択の在り方に対するレジスタンスもC校の自由な教育体制の所産といえようか。
　第2に，高校卒業後の進路選択の契機には2つの特徴がある。その1つは，教科の成績，好き嫌いによる進路決定である。たとえば，S・Sは数学が苦手で，志望学部を変更し，歴史が好きだという理由で文科系に決めている。このように，進路を主体的に選びとるというより，特定教科の成績次第で進路をいわば消去法的に選択していくというケースは，むろんC校だけに限らず，A校にもみられるし，平均的な普通科生徒にみられるごく一般的なパターンではなかろうか。今一つは，O・S，H・O，A・Tにみられように，幼い頃の夢や興味をそのまま持ち続け，その実現のために大学進学を考えているというケースはややC校に顕著と考えられる。中学・高校一貫制（一部は高校段階から入学）の高校入試という障壁のない自由な学校生活がもたらした一つの結果といえなくはない。
　第3に，進路選択過程において，A校同様，人生をどう生きるかという自らの生き方が深く追求されていないためであろうか，夢や興味の内実が個人

117

的なレヴェルにとどまり，それらがいわば社会化し，社会的な関連をもつに至っていない。したがって職業観も観念的・皮相的にならざるをえないという印象は否めない。特定教科の成績次第で，それほど深刻に悩むことなく，安易に進路を選び，かつ変更する傾向も同一の理由によると考えられる。

(3) 顕著な社会的弱者への共感

K・S（F校，男子）

一人っ子である。小・中学校の頃は野球の選手になりたいという思い，中1まで野球部にいたが，野球部の先生とケンカしてやめてしまった。中学時代はタバコを吸ったり不良になりかけていた。中3の時の先生がすごくいい先生でいろいろ教えられた。先生は「人には迷惑をかけるな。弱い者いじめは最低だ」といった。

F校は生徒のなかには蔭で悪いことをやっている者もいる点はよくないが，学校では先生と一緒に暮らしているという感じはいい。クラブは写真部，今『青春の門』を読んでいる。本当に一生懸命生きている人間にひかれる。友だちは，成績のよくないグループで，みんなケンカし，なぐりあいながら集まってきた仲間だけれど，中学の時からいまだに付き合っている。人生のことについてすごく真剣に語り明かしたことも何度かあるし，泣きながら話したこともある。

就職か進学か迷ったが，2年後半に進学に決めた。自分の人生について考える時間がほしいから。小さい時から弱い者につくほうだったこともあると思うが，社会のなかの弱い人の手助けになりたいので，社会福祉の方面に行くか，それとも写真が好きだから，そちらへ行くか迷うけれど，写真には親が反対だ。あまり親を悲しませたくないので，日本福祉大学を受けたい。だめだったら，自分の考え方には反対するけれど，法律方面にしたいと思う。法律は嫌いな数学や物理がないから，何とかなると思っている。

H・S（F校，男子）

両親と祖母，姉2人の6人家族である。F校入学の動機は，学力に合っていたし，明るく楽しいという学校の性格も分かっていたから。実際に入ってみて，いい面は大人として扱ってくれること，まずい面は悪いことでも見逃していることだ。クラブは一応ゴルフに入っているが，あまり出ない。学校で友だちと話すことは，半分は受験のこと，半分は冗談をいってみたり，女の子のことを話したりする。1日の生活は，6時に起きて少し勉強してから学校へ行く。学校から帰ると4時半で，気が向いた時に勉強して夕食，少しテレビをみたり風呂に入ったりした後，8時から勉強を始め，12時か1時に寝る。勉強はつらいほどのことではない。

　小学校の頃の夢は，医者，博士，洗濯屋，農夫などだった。中2から英語の塾に行き，英語が好きになった。中1の先生がおもしろい先生だったし，その先生から影響を受けた。英語のおもしろさは日本語とは違った構造をもっているし，自由につくって話せることだ。自分の話した英語が通じるということは嬉しいし，自信もつく。

　進路は，中学から英語が得意だったから，南山と京都外語の英文科を受けたい。将来は英語の先生になりたい。歴史もこのごろ好きになったので，歴史の先生でもいい。

A・M（G校，女子）

　父は紳士服卸屋に勤務し，母は保母をしている。大学生の兄がいる。G校へは，同じ系列の短大に入りたくて入った。

　母をみていて保母にはなりたいと思うこともあるし，家の近くにコロニーがあるけれど，電車にコロニーの人達が乗ってくるのをみてどうかしてあげたいという感じがして，養護関係の学校に入りたいと思っている。それから演劇もやってみたい。中3の時演劇部にいたし，歌舞伎とか演劇とか映画が大好きだから。本当は演劇が一番やりたいが，不安定だし，親に心配かけたくないから，保母か養護（教諭）を考えている。

　社会には，難しいことは分からないが，矛盾したことがいっぱいある。人

種差別とか身障者差別とかそういうことがすごく心にひっかかる。足のわるい人や目の不自由な人をふりかえってみたり，変な目でみる人がいるが，そういうことをなくしたいと思う。障害のある人に同情とかかわいそうだと思ってあげることはいくらでもできるけれど，むしろ一緒になって体験したいと思う。保母でもいいというのは，小さい子どもが好きなことと，母の仕事ぶりをみていると忙しいなかにも充実しているという感じがあるから。保育科のある短大と養護教育科のある短大を受けてみようかと思う。英・数が嫌いだから見通しはあまり明るくない。

　進学について思うのは，国立はいいとか，私立はだめだという見方があるが，どこの大学かということより，私立でも何でも大学に入ってから一生懸命やることが大事だ。国立に行ったからいい人間になれるとは限らないし，私立だって内面的にすごくいい人になって社会に出ていって，本当に充実して卒業していく人もいるから。

　S・Y（G校，男子）

　父は旧制中卒で会社員である。父は会社では大学出の人はすぐ昇格できるし，大卒のほうが有利だという。母は身体のことを心配してくれる。

　中学の頃は将来のことはコロコロ変わった。中3の後期から腎臓が悪くなり，ずっと病院に通っている。タンパクが降り続けているので，体育や激しい運動は医者から止められている。中3の時は福祉のほうに進んでもいいと思ったが，同じような病気の人達のためにという気持と就職率もいいので，そういう職業がやり甲斐があると思い，高3になってから，臨床検査技師になりたいと思うようになった。身体の悪い人達の立場に立って頑張ってみたいと思っている。ただ自分がこうだと決めているけれど分からない面もあるから，本当に自分の考えているような進路なのかどうか不安もあるし，臨床検査関係の学校となると短大とか専門学校が多いから，大学を出ても病院では採用してくれるかどうか不安もある。

　世間では三流の大学とか偏見があるが，そういう大学を出てもいい人物と

かしっかりした人はたくさんいるから，そういう偏見をなくしてほしいと思う。

T・M（G校，女子）

両親ともに高小卒。父は小さな鉄工所に勤めている。母はパート。兄は名大法学部生。姉は福祉大の二部。

小学校時代は，ステュワーデスとかエレベーターガールにあこがれていた。中学生の時は，婦人警察官になりたかった。人に尽くすというところに魅力を感じていたし，剣道が好きだったから。けれど，高校3年間で考え方が変わり，婦人警察官になるのは，50人に1人と相当厳しいということが分かった。それでいろいろ考えて，子どもが好きだし，保母を選んだ。姉が，今特殊学級の教生をやっていて，話しをきいて子どもに対して興味をもつようになったことも影響している。福祉大の短大へ行って資格をとりたい。両親も保母になるのを賛成している。

高校進学の時，公立を受けて，すべってここに来たのだけれど，すべった時は何ともいえない複雑な気持ちだったが，今ではここへ来て本当によかったと思っている。学校によって一流とか三流とか格差をつけるのは一番いやなことだ。

F校は野球部をはじめ体育系クラブ活動の盛んな知名度の高い高校であり，G校は社会福祉を中心とする私立大学の附属高校である。いずれも，愛知における平均的な私立普通高校である。両校のケースが示す進路選択における諸特徴は次のようである。

第1に，高校入学にさいし，元来公立普通高校を志望したが，これに失敗し，あるいは学力不足であきらめ，やむをえずこの高校に来たとする者が少なくない。すなわち，中学から高校に至る過程で，すでに辛酸をなめ，なんらかの挫折を経験せざるをえなかった者が少なくないと考えられる。

第2に，そうした経験と結びついているのであろうか，A校やC校のケー

スとくらべ，きわだって異なるのは，とりわけG校の場合であるが，「社会のなかの弱い人の手助けになりたい」（K・S），「障害のある人と一緒になって体験したい」（A・M），「身体の悪い人達の立場に立って頑張りたい」（S・Y），「人に尽くすというところに魅力を感ずる」（T・M）といった発言に示されているように，社会的に弱い立場にある人々に対する共感の強さ，そして差別に対する憤りがほぼ共通に吐露されている点である。こうした弱者，被差別者への思いは，これまでの成績中心の教育体制のなかで，学力その他で必ずしも順調でなかった自らの生活体験に根ざしているといえないであろうか。しかし，たまたまここでインタビューしたケースには皆無ではあったが，私立高校の場合，こうしたケースとは逆に，いわば負の自己体験を昇華することができず，脱落していく者が少なからず存在しているであろうことも見逃すことはできない。

　第3に，高校卒業後の進路選択の特徴的傾向は，ほぼ自分の学力の枠内で選択せざるをえないという意味では，進路先はかなり限定されることは明白であるが，しかし，限定された枠のなかではあれ，A校やC校のケースとくらべるなら，より自覚的に，自分自身の生き方と結びつけながら将来の職業を考え，進路を決定していると言えそうである。

(4) 進路選択の契機としての自立志向

N・H（K校，女子）

　父は鉄工所を経営する。母も一緒に働いている。姉はOL，弟は高校生である。

　母が働いているので，祖母に育てられた。祖母は小学4年生から紡績で働いてきた人だった。中学の時，一年上の男子が好きになり，自分の選んだ男性は理想的だと思っていたのだが違っていてショックだった。本が好きで，モンゴメリーの『赤毛のアン』シリーズでは，普通の生活のなかで主人公がものの見方をすごく大切にしているのにひかれた。それから，『肉体の悪魔』

第5章 高校生の進路選択と入試制度

『チャタレー夫人の恋人』『ボヴァリー夫人』など。最近は『狭山裁判』などで，人種差別とか部落問題に興味をもっている。

この高校へ来た動機は，英・数が平均以下で，先生に相談したら普通科はだめだといわれて，努力する気が全然なくなってしまった。それに普通科は家から遠いということもあった。高校では，昨年までは珠算部，今年は漫研に入っている。生徒会では機関誌の編集委員をやっている。K校に来てよかったと思っている。人間的に大きくなったというか，強くなったと思う。

生き方については，女としてでなく，人間として生きたい。男性にリードされて，敷かれたレールのうえを歩くのは好きではない。といいながら，結婚を期待している部分もある。土が好きだから，百姓がいい。でもしもやけができるから考えてしまう。

卒業したら，会社に就職する。どうしても気に入ったところがなければ，技術を身につけたいから，コンピュータ学院に行くつもりだ。

H・N（K校，男子）

父は税務署に勤務している。一人っ子である。普通科に行くには，学力不足，工業科はぶきっちょでだめだった。小学2年からソロバン（1級）をやっていたので，K校に来た。クラブはバスケットボール部に入っている。読書は藤村や山本有三，他に青春物などだ。高校に入ってからは，友だちと相談し，自分で考えて行動するようになったことは自分の収穫になったと思っている。

6歳の時，両親が離婚し，ショックだった。姉と弟が母についていった。離婚の理由は分からないが，今はもう知りたくない。今の母との関係は，やはり隔たりを感ずることはあるが，一応うまくいっている。もうこのことで悩んでいない。今は目標がある。それは国家公務員試験に合格することだ。父をみていると，すごく苦労があり，夜遅く帰って来て，「えらい，えらい」といっている。父をみていて，何かピーンとくるものがあって，自分も同じ仕事をめざすことに決めた。今はそのために頑張っている。

Y・U（K校，女子）

父は生コン車の運転手。母は内職。妹は中学2年生。

中学の時，異性に興味をもちはじめたが，交際した経験はない。高校進学は3年になったらみんなが進学するので，私もそうすることに決めた。K校へは，近かったことと，商業が合っているといわれてきた。今，奉仕活動が好きなので，JRCの活動を熱心にやっている。クラブは楽しい。今まで読んだ本で感銘を受けたのは『ビルマの竪琴』。そのほかに手芸や野球を聞くのが好きだ。夏休みは，ダイエーでレジのアルバイトをやっている。

将来は看護婦をめざしている。小学生の頃，妹が入院し，危なかったが，看護婦が一生懸命やってくれて助かったことがあるから。看護学校へ行ってから国家試験を受けるつもりだけれど，それには二つ障害がある。一つは寮に入るのが原則で，親から反対されていることと，もう一つは受験科目に勉強していない生物があることである。だから，今看護学校へ行くか，就職か迷っている。いずれにしても，仕事はずっと続けていきたいと思う。

M・T（K校，男子）

家は商売をやっている。K校へ来たのは，成績の点で中学の先生に勧められたから。先生と親と自分の3人で相談会があり，そこで決めた。最初は，だれでもそうだけれど，公立の普通科に行きたいと思ったが，学力の面で，商業科を選んだ。それに，家が会社を経営していて，母から帳簿をつけてほしいといわれたこともある。私立の普通科へ行き，大学に行けないことはないが，大学へ行く気はなかったので，商業科で頑張ることにした。後悔はしていない。K校は男子が少なく，ちょっと不便だということはあるが，ここの学校に来てよかったと思っている。

進路については，今でも，大学へ行く必要は感じていないし，意欲もない。卒業したら，就職したいと思う。どこかの会社で働いてみて，それから家の後を継ぎたいと考えている。

S・S（L校，男子）

父は死別した。弟は働きながら定時制高校へ行っている。農地は0.5ヘクタールある。

小学校5，6年の頃は，テレビをみて警察がかっこいいと思ったりした。中学校の時，本当は普通高校へ行きたかったけれど，成績が悪く，この学校なら入れるといわれ，受験した。高校へ入った頃は，農業大学校へ行ってやってみたいと思ったが，2，3年になってから，何となくたるいと思うようになり，今は，一般企業が自分には似合っていると思い，自動車か関連の部品会社に就職したいと思っている。中小企業は基盤がちゃんとしてなくて，いつつぶれるか分からないから，安定しているところがいい。だから，これからの仕事と農業の授業は全く関係がなく，授業を受けていてたるいなあと思う。自動車関係を選んだのは，半分は自分で，半分は親の意見だ。仕事内容で充実した仕事がやりたいし，やはり金もうけをしたい。

N・T（L校，男子）

父は会社が倒産し，セールスをやっている。長男である。

商業高校へ行きたかったが，成績でL校を受けた。普通高校の場合，大学に入るため，みんな敵対関係があるが，農業高校の場合，そんなことはどうでもいいから仲間意識がつよい。けれど，農業経営とか農業簿記とか専門科目には全然入りこめないし，関係ない。

小学校3年の時から，今でもデパートの社長を夢みている。だから，ダイエーとか高島屋とか西武とか，ああいう大きなデパートに勤めて，経営形態なんかを知って，それがだめなら八百屋のような小さなものから始めて，それを大きくしたい。こんなことを考えたのも，父が会社でいくら働いても夢がないのをみてきたからだ。大学はたるいから考えていない。デパートは昔からの夢だから，親が反対しても家を出てやりたい。

ほぼ一般的な公立商業高校・K校と，農業学校として県下でもっとも古い伝統をもつ公立農林高校・L校のケースから，職業高校に一般的にみられる

と推定される次のような進路選択上の特徴を見出すことができる。

上記のケースにもみられるように，職業高校の場合，高校選択の過程で，多くの者が当初は公立普通高校を志望しつつも，成績が十分でなく，職業高校を選ばざるをえなかったと考えられる。

N・H，Y・Uのように，初志を断念し，K校に入ったために，かえってクラブや読書や友だちづき合いなどで比較的のんびり高校生活を過すことができ（このことが職業高校に来たことを満足させる結果になっていると思われる），人生や進路の問題について，それぞれ自分なりに考え，自らの生き方と関わって進路を模索している者が少なくないのではないか。しかし，他方では，高校選択時の挫折が克服されていないからであろうか，これからの生活や労働への意欲が十分感じられず，消極的な進路観に陥っているM・Tのような存在も見逃すことはできない。

さらに，とくに農業高校で一般的にみられる現象であるが，L校でも，農業後継者は一割弱（インタビューしたクラス）で圧倒的多数は農業とは無関係の地元の自動車関連企業に就職している。安定した就職先を求めているS・Sはその典型といえる。S・Sとは対照的であるが，経営者として自立したいというN・Tのような自立志向も職業科生徒の一つの特徴と考えられる。

最後に，インタビュー調査から明らかになった諸傾向を要約的に総括し，まとめに代えたい。

第1に，質問紙調査の結果（第1志望率）とは異なり，高校への進学段階においては，中学3年時の進路指導以前の時点では，ほとんどの者が公立普通科を希望していたが，学力不足で私立高校ないしは公立職業科に入学せざるをえなかったことが実証された。

第2に，高校卒業時の進路決定過程において，国・公立普通科生徒の場合，一般的に，特定教科の成績・学力という，人生をどう生きるかという人生選

択上の本質的問題とは直接関連しない要因に規定されつつ，進学すべき大学・学部を選び，これからの目標や展望が大学に入ることに局限され，将来展望，とりわけ人生設計や職業の見通しが希薄にならざるをえなくなっていることが明らかになった。

　第3に，私立普通科と職業科の生徒の場合，国・公立普通科の場合とくらべ，選択すべき進路の幅ないし可能性は，現実には著しく狭められていることは言うまでもない。にもかかわらず，職業科生徒の就職の場合，一方では現実主義的な安定志向も強いが，他方，成績・学力よりも自己体験となんらかの形で結びついた生き方を展望するなかで，進路先をより自覚的に追求しているケースが比較的顕著に存在することが明らかになった。

3　高校中退者の実態と課題

　ここ数年の間，高校中退者が急増している。毎年，130校ちかい高校が消えていることになるという（毎日新聞，1985年4月4日付）。中退問題は今これまでになく深刻な社会問題になろうとしているといえる。

　中退問題は，何らかの理由で高校教育に適応しきれず，在校半ばにして退学する生徒が著しく増加しているという意味で，言うまでもなく高校教育に直接かかわる問題である。しかし，同時に中退者の多くが，すでに中学校段階において主体的かつ積極的な動機や理由を持たないで高校への進路選択を，すなわち高校への不本意入学を余儀なくされているとすれば，中退問題はすぐれて中学校教育の問題でもある。

　このように，今日の高校中退問題は，非行，校内暴力，自殺等の諸問題と同様，中学校と高校を通じての，いわば中等教育総体の矛盾の発露といえよう。それが故に，中退問題の実態とその要因を分析・検討することは，その裏側に存在する不本意入学問題の解明につながり，さらに，中学校から高校にいたる中等教育のあり方を考えるうえで有益な前提作業となろう。

ここでは，以上の基本的な状況認識のもとに，①高校中退者の実態とその特徴，②高校中退者の背景——愛知県におけるケースから，③高校中退者対策とその課題，の3点について述べてみたい。

(1) 高校中退者の実態とその特徴
a) ここ数年急増する中退者
　文部省の調査結果（1985年12月18日）によると，1984年度中に公・私立高校を中退した生徒は，全国で10万9160人であり，生徒全体に占める中退者の割合は2.2%である。1983年度は11万1531人，2.4%，1982年度は10万6041人，2.3%であったので，1984年度は過去3カ年で最も低率となっており，この数字でみるかぎり，ここ数年の中退者の増加傾向にやや歯止めがかかったといえなくもない。

　文部省の調査結果は，さらに高校中退者の現状と要因について，以下のように詳細なデータを明らかにしている。

　1984年度の中退者中，全国の公立高校の中退者は6万7009人，中退率1.9%（1983年度は2.0%）であり，このうち中退率の高いものからあげると，定時制が2万1103人，中退率16.2%（1983年度は16.4%），全日制では専門学科（職業高校）が2万1850人，中退率2.2%（1983年度は2.4%），普通科が2万4056人，中退率1.0%（1983年度も1.0%）となっている。

　一方，私立高校の中退者は，4万2151人，中退率3.1%（1983年度は3.3%）であり，このうち定時制が697人，中退率10.9%（1983年度は11.4%），全日制では，専門学科（職業高校）が1万4806人，中退率4.2%（1983年度は4.6%），普通科が2万6648人，中退率2.6%（1983年度は2.8%）となっている。

　このように，中退者は公・私ではやや私立に多く，全体的に定時制に圧倒的に多く，専門学科（職業高校）がこれにつづいているのが目立った傾向である。

　また，地域別にみると，東京の7886人（中退率3.4%）をはじめ，大阪7375

人（3.0％），北海道4135人（2.3％），茨城1963人（2.2％），埼玉3412人（2.0％），千葉2844人（2.0％），神奈川3831人（1.9％）など，都市部を中心に中退者数が比較的多いのが特徴といえよう。

さらに，文部省調査は中退の理由を，「学業不振」，「病気・けが・死亡」，「経済的理由」，「問題行動等」，「進路変更」，「家庭の事情」，「学校生活・学業不適応」，「その他」に区分し，その傾向を明らかにしている。

これによると，1984年度の場合，全体的に最も多いのが，「学校生活・学業不適応」（26.1％），つづいて「進路変更」（24.0％），「学業不振」（13.8％），「家庭の事情」（10.1％），「問題行動等」（9.1％），「病気・けが・死亡」（5.6％），「経済的理由」（5.1％），「その他」（6.2％）となっている。1983年度と比べると，1984年度は，全体としては中退者がやや減少しているにもかかわらず，「学校生活・学業不適応」が23.4％から26.1％に，「進路変更」が21.8％から24.0％に，かなりの増加傾向を示している点が注目される。

さらに，公・私立高校別に中退の理由をみると，公立高校では，第1位が「進路変更」（25.9％），第2位が「学校生活・学業不適応」（25.7％），第3位が「学業不振」（15.7％）となっている。一方，私立高校では，これとは逆に，第1位が「学校生活・学業不適応」（26.8％），第2位が「進路変更」（20.9％），第3位が「問題行動等」（11.9％）とつづいている。このように，公・私立で若干の違いが認められるとはいえ，「学校生活・学業不適応」，「進路変更」，「学業不振」に中退の理由が集中しており，総じて中退者のほとんどの場合，入学した高校での生活や学習に十分適応することができないまま，中退を余儀なくされている状況が端的に示されていると言えよう。

b）潜在する中退予備軍

以上が，文部省の調査結果による中退者の実態とその特徴的傾向であるが，ここに示された中退者の実態は，いわば氷山の一角にすぎないと言えよう。中退にまでは到達しないにしても，中退予備軍とも言うべき者が数多く潜在しているものと考えられるからに他ならない。

すなわち，原級留置，いわゆる留年や休学などがそれである。ちなみに，文部省調査によれば，原級留置者は全体としては，総数2万9456人，全生徒数比0.6％（1983年度も0.6％）である。とりわけ公立の定時制が多数にのぼり，6.8％（1983年度は6.2％），私立高校では0.4％となっている。

中退者問題の底はさらに深い。国民教育研究所が約3000人の高校生について実施した意識調査（1984年度）では，45％の者が「やめたい」と思ったことがあると答えている。11万人という中退者の背後に，その何倍もの潜在的中退者群が隠れていることを如実に物語る数字である。

以上のように，中退者は，まさに氷山の一角にすぎず，広大な裾野が水面下に潜在していることを見逃してはならない。とすれば，今日の高校中退者問題は特定の高校やひとにぎりの生徒に限定される問題ではなく，ほとんどすべての高校や生徒たちにかかわる，早急に解決されるべき今日的課題であることがあらためて痛感される。

以下では，これまで概観した中退者の実態とその特徴的傾向をふまえつつ，中退者に関する若干のケース分析をもとに，あらためて中退者発生の要因やその生育史的背景について検討してみたい。

(2) 高校中退者の背景——愛知県でのケースから
a）ケースにみる生育史的背景・要因

表5－7は，筆者も所属する愛知青年期教育研究会で収集・検討した愛知県下の公・私立高校中退者の実例の要点である。（以下の分析は同研究会『高校中途退学者問題についての調査研究』1983年の，とくに新田照夫・横尾恒隆論文に負うところが大きい。）これらのケースは，過去およそ10年間（昭和50年代）に各学校，教職員組合等において集積されたものであり，「保護観察処分少年」に含まれた15件の中退者のケースも入っている。したがって，それらは厳密な意味で必ずしも中退者の全体像を正確に描きだしているとはいえないが，文部省調査では十分に掘り下げられていない中退者の学校生活，

家庭環境等の生育史的背景をとらえるうえで示唆的なデータと考えられる。

これらのケースの主要な背景は、愛知青年期教育研究会によれば、①学業不振、学習意欲の喪失等の問題、②家庭での無関心・甘やかしや家庭の崩壊等の問題、③非行・問題行動（校則違反、管理に不適応）等の問題に求めることができる。

第1に、学業不振、学習意欲の喪失等の問題がある。全ケース中、学業不振は19ケース、学習意欲の喪失は16ケースを数え、既述の文部省調査と同様に、中退の背景・要因としては最も顕著なものといえる。その一例としてNo.3のケースをあげることができる。この生徒は、2年生の5月に突然、学校をやめたいと言いだし、そのときは父親との話し合いで学校をつづけることにしたが、翌年2月からはアルバイトをはじめ、ほとんど学習せずに、結局退学してしまった。この生徒の場合、高校入学に際しては成績の面で入学可能な学校という理由で高校を選んだが、入学後専門科目が自分に合わず、学習意欲を喪失したことが彼を退学に追い込むこととなった。このケースは、中学校での成績本位の進路指導による学校選択→不本意入学→学習意欲の喪失→退学の経路をたどった典型的な事例のひとつといえよう。

第2に、家庭生活にかかわる背景・要因がある。全ケース中、両親の離婚等による家庭崩壊が13ケース、家庭での無関心、甘やかしが11ケースとなっている。家庭崩壊による中途退学の典型例としては、No.25をあげることができる。この生徒の家庭関係は複雑で、この生徒自身は、母親の2人目の夫との間にできた子どもであった。母親が最初の夫と別れたのは、20年前のことであった。ついで結婚した2番目の夫（生徒の父親）とも数年を経て離婚した。3人目の男は、妻子ある人であったが、最近トラブルがあり、母親はその生徒と一緒に名古屋を出て最初の夫のもとへ行った。このケースの場合、学校側はこの生徒とは退学勧告も連絡もできないということであった。

また、家庭の甘やかしの例としては、No.31をあげることができる。この生徒は、生育の過程で親の過干渉・甘やかしにより自立のチャンスを得ないま

表5-1 愛知県における中途退学者のケース（要点）

No.	校種	年齢	性別	学校生活状況・問題	家庭生活状況・問題	社会生活状況・問題（含性格）	中途退学後の進路
1	公普	16	男	成績中の下、成績の重圧大、休学（登校拒否）	両親共出稼、成績にこだわらない	大人しく、目立たない	清水焼の絵付けの勉強
2	公普	16	女	頭髪問題で教師に不信感	製菓業一人娘、両親共甘く教師に不信感	明るく人なつっこい、素直	住み込みの美容師見習い
3	公普	16	女	成績上位	母：会社員、母：パート	大人しくコツコツ型、（青年期特有の問題か？）	目立たずが自慢
4	公普	16	男	学習意欲喪失、喫煙	家庭非協力、歓楽街の飲食店経営	落ち着きなし（非行の重なり）	名古屋市内私立男子校入学
5	公普	18	男	喫煙による遅刻処分（停学処置）	両親共働き、子どもへの配慮不十分	オートバイ無免許運転による事故	就職
6	公普	16	男	暴力加害事件に加わる（学業不振）	父：会社重役、母：恵まれた環境	真面目	県立定時制編入
7	公普	16	男	（疾病による負担）	父：別居中		
8	公職	16	女	成績低迷（登校しないことの本人希望）	無し、母：飲食店経営、甘やかされる	かよわい人間	
9	公職	16	男	成績不振、自動車窃盗（暴力事件）	農業	自己中心的	自動車修理会社へ就職
10	公職	16	男	授業希望でありつつ不本意入学（学習意欲喪失）	闇もののように働かされる、子どもが扶養	無口、アルバイト熱中	
11	公職	16	女	校則違反（校内暴力）	父：酒屋	工場地域に在住、闘士型	
12	公職	18	男	成績上位、ある試験において失敗（学習意欲喪失）	自営業、一人っ子	温和	不明
13	公定	16	男	家庭経済事情より定時制（仕事と同時両立不可能）	父：病気がち、母：働きに出る、一人息子	スポーツ好き、行動力あり	勤務継続
14	公定	17	男女	中学時のセックス等からの非行持ちこす	父：沖縄県、女：福岡、父：教師・母親送り	沖縄県についたが女性と家出	各種学校入学、女：他の男をつくる
15	公定	18	男	自転車窃盗	6人家族、何一つ不自由なし	裏別所・少年送り	一度就いたが女性と家出
16	公定	18	男	文化委員、室長（バイトによる欠席）	父：死亡	人見知りのする方	トラック運送業
17	公定	15	男	自動二輪欲違反、進級不可能（学習意欲喪失）	5人家族	自動二輪愛好	喫茶店勤務
18	公定	31	男		4人の異母兄弟（生活苦）	集団就職で愛知へ	スナックで働き郷里へ送金しつづける
19	公普	16	女	成績不良（学校の教育内容に不満）	父母会社員（家庭の教育力低下）		オーディオ店、落ち着く等々てとする
20	公普	16	男	字業不振	父：会社員	ディスコで豪遊	大工見習い、トラック運転手
21	公普	16	女	文化などの外部のチャンスを手引き			
22	公商	16	男	字業不振（登校拒否）	父：一流銀行員		
23	公商	17	女	担任不信（学校不適応）	母：大店出面解、父：無難	万引き非行続く	
24	公商	15	女	（基本的生活習慣の欠如、暴力事件）	両親離婚	男女関係のこじれ	
25	公商	16	女	字業不振（哲学）	母子家庭で母親困りる（経済的困難）		母子経営の喫茶店で働く
26	公工	16	男	字業不振	保護者と学校との連絡なし	（悪友との関係を断つため）	
27	公工	16	男	字業不振			車両会社就職
28	公工	15	男	（不本意入学）		オートバイによる交通違反多発、（生活の乱れ）	
29	公工	16	男	成績途中（何に決めかねず学習意欲喪失）			
30	公工	17	男	室長（留年、本人が決めかねるまま進行）	自立の契機を与えられず成長		

132

第5章 高校生の進路選択と入試制度

No	校種	性別	年齢	学校生活状況・問題	家庭生活状況・問題	社会生活状況・問題（含性格）	中退学後の進路
32	公工	男	15	（無気力・不適応）	父：指導力喪失、子どもが肩幅		親戚経営の工場へ
33	公工	男	15	（学業不振・不適応）			
34	公工	男	16	（学業意欲喪失）		アルバイト	
35	公工	男	16	（学業不振）			定時制クラスへ転学か？
36	公工	男	16	軟式野球部退部、（学業意欲減退）		オートバイで交通違反	
37	公工	男	16	就職したかったが退学（学習意欲喪失）			昼：クリーニング業、夜：定時制へ
38	公工	男	16	軟式野球部退部（学習意欲喪失）			美容専門学校
39	公工	女	16			食堂で夜遅くまでアルバイト、（生活の乱れ）	父経営の会社で事務担当、再入学のため勉強
40	公普	男	15	新設校入学、激しい校風になじめぬ	父：会社員、母：自営業	シンナー吸引、（万引）	鑑別所収容
41	公普	男	15	勉学意欲なし	父：大工、酒店	常習かいせつ（非行の重なり）	新聞配達
42	公普	男	15	勉学、ノイローゼ	父：交通運転手、母：パート、放任		洋装学校入学、後々の会社勤務
43	私普	女	15	パートを注意され担任と対立（校則に反発）	父：トラック運転手、母：パート、放任	（家出、売春）	鉄工員、喫茶店・日雇い労務者等を転々とする
44	公普	男	15	（仕事と学業との両立困難）	父：工員、厳格	非行と恐喝・傷害	そば屋、喫茶店店員、少年鑑別所、喫茶店
45	私工	男	15	在学中成績上	父：会社員、母固寡	（喫煙で補導・家出・不純異性交遊・シンナー）	職を転々
46	私定	男	15	学校嫌い（怠学）	父：団体職員、家庭円満	家出・ホステス・暴力団員と同棲	ナイトクラブホスト
47	私定	女	15	（新聞配達と学業との両立不可）	父：アル中で死亡、両親の喧嘩絶えず	暴行	
48	公定	男	15		真面目だが家父長的	（非行、暴行）	
49	公定	女	17	成績上、良妻賢母型教育に反発（長期欠席）	父と対立	ディスコ・セックス・覚醒剤・自殺未遂	暴力団員と同棲後少年鑑別所収容、兄の会社事務
50	私定	男	16	アルバイト（怠学）	父：PTA役員	不良交遊、シンナー、窃盗	スーパーマーケット勤務
51	私定	男	15	怠学、新設校の厳しい校風に反発	父：死亡、生活に追われる	窃盗（シンナー吸引）	ガソリンスタンド店員
52	私定	男	17	成績低迷、（各校いなくなる）	父：日雇い労務者、的屋、母：死亡	（暴力団員加入）	出所後自宅に
53	私定	男	16	成績両目	父母両面目	暴走族のボス（交通違反）	定時制入学後来店員、現在右翼団体に入る
54	私工	男	15	学習意欲なし、（校内暴力）	父母とも放任	不良交遊、シンナー、切盗	少年院、後金属工場へ
55	公定	男	15	怠学後・落ちこぼれ、怠学（学力不足）		暴力事件	
56	公定	男	16	休学後復学、生活の乱れ（音楽に熱中したい）		友人関係	
57	公定	男	16	（勤務の都合上通学不可）	親の過干渉		電機関係店に勤務継続
58	公定	男	16	低学力・留年・気力に欠ける		主体性なし	
59	公定	男	16	全日制より二度目の留年（通学意欲なし）			
60	公定	男	16	（勤務の都合上通学不可能、集中力不足）			退職
61	公定	男	15	（暴力事件による退学勧告、学習意欲欠如）			
62	公定	男	16	低学力・留年、（勤務の都合上通学不可能）			工員の仕事を継続
63	公定	男	15	仕事・学校とも続ける気力を喪失			
64	公定	男	16	（登校拒否）			
65	公定	男	17	低学力・留年（大講オーバー）		暴走族との関わりで生活の乱れ	

備考 （ ）内の退職原因、No.14は、男女2名が同時退学、原因等一致のため1事例として集計。

出所 愛知青年期教育研究会『高校中途退学者』問題についての調査・研究』（1983年8月）

ま育ち，高校入学後も，繊細でいろいろ考えはするが，行動できないままに欠席を重ねていき，新しいスタートを切る勇気もないまま退学にいたったケースである。

　第3に，非行・問題行動等を主要因とする場合であり，多くのケースがこの問題とかかわっている。ケースには，保護観察の対象となった生徒を含んでいるために，非行を起こしているケースが相対的にやや多いと考えられるが，暴走族・暴力団加入，不純異性交遊，万引き・窃盗，交通違反等が目立っている。また，非行・問題行動とは直接的な結びつきをもたないが，アルバイトによる生活習慣の乱れが，学習意欲の喪失や問題行動の温床となっている点も見逃せない。

　以上のように，中退の主要な背景・要因としては，学業不振，学習意欲の問題，家庭の問題，非行・問題行動等がきわめて顕著であると言えるが，これらの背景・要因は，多くの場合，必ずしも単一ではなく，相互に関係し合って作用していると考えられる。たとえば，No.10, 26, 28などがそれである。このうちNo.26の生徒の場合は，以前にも一度やめる方向に気持ちが傾いたことがあるが，学校で説得して退学は思いとどまっていた。しかしこの生徒は，アルバイト→夜ふかし→遅刻→学習意欲の喪失という経路をたどり，しかも母子家庭で，母が病気で倒れ，母の経営する喫茶店を手伝うために退学した。このケースはアルバイトによる生活習慣の乱れと学業不振，学習意欲の喪失に家庭の事情が加わった例である。さらにNo.10, No.28などは，家庭での甘やかしや無関心が他の要因ともからんだ例である。すなわち前者の場合，高校受験時に本人は就職希望であったが，母親の要求により進学した。入学当初は上位の成績であったが，3学期からアルバイトへの熱中，学習意欲の喪失，オートバイへの熱中という状況がみられた。この生徒の家庭では中学時代に父親との力関係の逆転が起こり，それ以降両親の本人への対応は腫れ物にふれるような対応であり，家庭内団らんは皆無，孤独な家庭生活であった。後者の場合は，学業不振のために1年から2年へは最低の成績で進級した。こ

の生徒は1年生の9月頃から，アルバイト，オートバイの免許無断取得，オートバイの購入，交通違反の連続という荒れた生活を送っていたという。

　以上のように，中退の背景・要因は一つに限定することはできず，さまざまな背景・要因が重なりあっていると考えるのが妥当である。とりわけ定時制高校や職業高校の場合，中学校での成績優先の進路指導の結果，まさに不本意な高校入学を余儀なくされ，学習意欲の喪失，学業成績の不振，非行・問題行動，学校生活への不適応等の諸要因が相互に関連・結合し，中退者をつくりだしているといえよう。

b）中退後のゆくえ

　中退後，彼らはどこへ行くのか。表5－7の各ケースを中心に中退者のゆくえを推定すれば，およそ次のようである。

　第1に，全日制高校中退者の場合，定時制や各種学校（一定の技能・技術取得のための）へ再入学するケースである。このように，いわば学校間移動を行うことにより，自立への準備の機会をあらためてつかみ直そうとする者も少なくないようである。

　第2に，経営的にも，雇用関係の面でも比較的不安定な中小・零細のサービス業関係（スナック・喫茶店のウェートレス，ガソリン・スタンド，建築・土木，美容などの補助的従業員，その他）などへの就職である。一般に中退者にとって安定した就職が容易に望めそうもないことは言うまでもない。それだけに，これらの職種が彼らに残された限られた就職先といえよう。とはいえ，彼らのなかにこれまでのすさんだ生活を払拭し，生き生きと「自力更正」しつつある者も少なくない。他方，これとは反対に，失業・転職を繰り返すなかで，自立への意欲をますます喪失し，放縦と退廃の生活に身をゆだねてしまう者が存在していることも，むろん見逃されてはならない。

　第3に，表5－7にみるケースには顕著にはみられないが，大学入学資格検定（いわゆる大検）をめざすケースである。1984年度の場合，この制度発足以来，受験者・合格者数はともに最高であり，とくに高校中退者の合格者

全体に占める割合ははじめて6割をこえ,過去最高を更新したという。いわば,大学への「バイパス」ともいうべき大検は,中退者のある部分の実質的な受け皿となっているといえよう。

いずれにしても,なんらかの理由で高校生活に不適応(挫折)し,高校から脱落・排除された中退者のなかには,その挫折から立ち直れず,悶々とする者も少なくないであろう。あるいはまた,彼らの前に立ちはだかる障壁は決して容易に飛び越えうるものではないが,各自が選択したそれぞれの場で主体的,自立的な生き方を懸命に模索し,これまでの挫折経験を克服しようとしている者も少なくないものと,推定することができそうである。

(3) 高校中退者対策とその課題
a) 多様化する対策

では,年々深刻さを増す中退問題に対して,教育行政当局や学校はどういう対応策を実施しているのか。文部省,教育委員会,高校等の段階ごとにそれぞれ注目すべき対策事例をあげるならば,以下のようである。なお,各地での対策事例は,朝日,読売,日本経済,信濃毎日の各紙による。

(1) まず,文部省段階ではすでに「理科教育及び産業教育審議会」(1985年2月)が高校職業教育の弾力化を推進する答申を出し,専門学科の枠をこえた科目を準備し,「教育課程審議会」(1986年7月)も高校教育全体の教育課程弾力化の方向性を示唆している。さらに臨時教育審議会も,必要な単位数を取得すれば卒業資格を与える単位制高校設置の意見を出していることは周知の通りである。今日,文部省によるいわば中退問題への対応策は,多層化した高校生の学力の実態に応じて教育課程の弾力化と高校のいっそうの多様化・種別化を推進することに,ほぼ集約されつつあると言えよう。一方,教育委員会,各高校,教職員組合等では,次のようなさまざまな対策,取り組みが行われている。

(2) 大阪府教育委員会では,府立高校に対して,生徒の学力に応じた授業を

きめ細かく進めるための資料づくりとして，府立高校の新入生を対象に「学力診断テスト」を実施し，基礎的な学習内容の把握度をチェックするとともに，日常的な学校生活での中退予防策の一つとして，学校保健室を悩みをもつ生徒の「駆け込み寺」とし，養護教諭を相談役とする「心の健康管理システム」を指導している。

(3) 山形県教育委員会も中退者の防止と追指導の徹底に取り組み，①中・高連携による新入生指導の徹底，一貫・継続した生徒指導・進路指導の推進，②生徒の意欲を引き出し，目的意識の明確化のための，学業指導の強化，③家庭謹慎等の特別指導のあり方を見直し，登校させて充実した指導を徹底，を主内容とする対策を実施している。

(4) また香川県立高松高校では，生徒の能力・適性・関心に即してカリキュラムの複層化に積極的に取り組み，中退問題に対処している。同校では，進路別に6つのコースが設けられているほか，適性や関心に応じた各種の特別講座（数学が得意の生徒には「数学発展」，英語が苦手の生徒には「英語基礎」を選択させる）が10科目にわたって開かれており，生徒の優れた面をさらに発展させ，学力の遅れを取り戻させる仕組みが追求されている。

(5) 長野県下高井農林高校では，退学者の減少を全校の方針とし，全クラスごとの「学級通信」に取り組んでいる。学級通信は月10回程度の発行で，担任が服装や授業状況などを書いて家へ持ち帰らせている。また1年生の1学期には先生が生徒と教室で弁当を食べる会食会，OBを招いての「心のふれあい合宿」や「農場合宿」など，きめ細かい生活指導に取り組んでいる。

(6) さらに大阪府高槻市では，中学校教師の卒業生を追指導し，高校中退者を減らす努力をしている。この活動に従事するのは，校長会，教職員組合，教育委員会等の代表者よりなる同市追指導協議会であり，指導の対象者は全日制高校に進学できなかった生徒，学力面の制約で遠隔地の高校に入った者，在日朝鮮人，被差別地区出身など被差別状況にある生徒，家庭破壊

など生活面で心配のある者である。追指導は原則として3年間で，3年生のときの担任教師があたり，高校を訪問し，生徒に会って悩みを聞くなど，原因に迫り，自らをみつめ，生き方を問う取り組みを追求している。
(7) 教職員組合による取り組みにも注目されるべき事例は少なくない。たとえば大阪私学教職員組合では「ひとりの退学者も出さないために」と題する小冊子を作成し，「退学者ゼロ」をよびかけている。そこでは，①教職員一丸となった生徒指導への取り組み，②教師の力量を高め，落ちこぼれをなくすこと，③父母との連携を進めることなどの方針をかかげ，具体的には，わかる授業をめざして教材を生徒の学力にあわせて精選することやPTAの機能強化，父母と教師の話し合いの徹底を提唱している。

b）課題と展望

上述の事例にもみられるように，高校だけでなく，中学校をも含めて両者の連携のもとで，また父母・地域との結びつきのもとで，中退者を出さないきめ細かな学習指導や生活指導（基礎学力の確保，生き方学習，自主的自治活動の保障等）のさまざまの努力・工夫がいっそう広がり，深められることが望まれる。加えて，中退者の再入学を受け入れる積極的な方策も，もっとその可能性が吟味され，広範に実施されてよかろう。

さらにまた今後，より抜本的に中退者を出さない方策が必要である。その基本は，総合制，小学区制および共学制を柱とする準義務教育機関としての戦後高校像の復権であり，そのために当面の課題として，高校入試改革（適格者主義→希望者全員入学），高校増設（マンモス校→適正規模校，学級定員の適正化），学校間格差の解消（公立高校間，公・私立高校間），私学助成の拡大など，現行高校教育制度改革とそれによる中学校教育の正常化（非受験準備機関化）が早急に求められているといえよう。

高校進学率94％である。高校は今や，圧倒的多数の人びとにとって自主的に生きていくうえで，必要な国民的共通教養を身につけるべき場として期待されている。国民がもはや実質的に義務教育に準ずる国民教育機関となった

今日，義務教育機関でないからといって，高校への不適応を示す生徒を切り捨てることは許されない。中退問題がこれまでになく深刻な社会問題として受け止められるようになった現在，問題の抜本的解決をはかる中等教育改革のあり方が問われているものと考えられる。

4　入試制度の問題——大学入試制度改革の検証——

はじめに

「朝8時半から自習。小テストが多かった。欠席が多いとハッパをかけられた。授業時間は50分でほとんど7時限授業。

1年の2学期から，英語と数学はハイクラス，ロウクラス形式の授業になる。3学期に最初の進路希望調査がある。

2年で，理系希望と文系希望に分けられた。3年にあがる前には三者懇談会がもたれる。そして希望調査は綿密になっていく。そして国公立理系，文系，私立理系，文系，就職希望の各クラスへとふりわけられる。すべて数字で人間がわりふりされる。それが高校時代の『勉強』であったように思う」

「試験，試験のくり返しの中で，毎回その結果としてはじき出された偏差値とにらめっこ。その偏差値に合った大学を資料から選び出す。そんなことのくり返しで，暇さえあれば，偏差値と大学の一覧表を見るという生活だった」

「以上のような結果から，劣等感，みじめさ，勉強への嫌悪感しか生まれず，各テストのたびにクラスメートの成績を気にし，自分が他人より少しでも良い点数なら，まるで勝利者のように有頂天になり，少しでも悪いと，成績の良い連中をほめたたえ，それを教師は競争意識と勘ちがいして，よりあおり立てようと，口に出すのはテストの結果だけ。一度も"大学とは"，"君らは大学に何をしに行くのか"なんて問われたことはない。唯一の安息の時間であるホームルームの時間は儀礼的な連絡でおわり，そのあとは生徒はそ

そくさと下校する。以上のような高校教育の中で果たして本当に進むべき道が選べたのかと思うと，絶対と言っていい程なかったのではないか」

以上はいずれも私立N大生を対象に行った『高校から大学までの私のあゆみ』というテーマの作文調査（1978年6月実施）からの引用である。

これらの事実は，今日の入試問題が高校入試の問題にとどまらず，大学入試問題と深い関連をもっていることを示している。すなわち，今日，高校教育の中で，受験学力偏重の誤った学力観によって，多くの青年が自らの進路を自主的・主体的に選択することを阻まれているだけでなく，高校教育そのものが著しくゆがめられている。そして，そのような受験学力偏重の学力観を生んでいる要因の一つが今日の大学入試のあり方にあることはあらためて指摘するまでもない。

本稿では，以上の理由から，主として大学入試制度に焦点をあて，まずその成立・展開過程をたどることによって大学入試制度の歴史的性格を明らかにし，ついで現行の大学入試制度，とくに共通一次試験の問題点を検討し，最後に今後の大学入試制度改革の課題に論及してみたい。

(1) 選別装置としての入試制度

a) 歴史的所産としての入試制度

周知のように，日本の大学入学試験は，欧米のそれと異なり，基本的には資格試験ではなく，選抜試験であり，一定の学科試験による相対評価によって，各大学・学部が独自に定員にあわせて実施するというものである。ところで，この学力試験による選抜試験という日本の大学入試制度は，日本固有の歴史的，社会的諸条件の所産であることは間違いない。しかも社会の中での一定の役割を負荷された存在と言える。それでは一定の役割とは何か。ＯＥＣＤ教育調査団の指摘を待つまでもなく，今日，日本の社会では，大学入試が「将来の経歴を左右する主要な選別装置となっている[3]」ことを認めないわけにはいかないであろう。とすれば，そのような選別装置としてのわが国

の大学入試制度は，どういう歴史的・社会的条件のもとでつくりだされてきたのか。

結論を先に言えば，わが国の入試問題は，学歴取得による社会的地位の上昇を可能にする雇用制度の問題と結びついており，いわば日本資本主義の発展に伴う社会的現象形態の一つといえる。すなわち，日本資本主義がほぼ独占段階に入る今世紀10年代（第一次大戦期）において，産業社会で大学卒業者の定期採用方式が慣行化し，企業における身分制度，終身雇用制が確立する中で，「人材の登用と配分の方式としての学歴主義が各界で成立しはじめ，これが学閥，有名校秩序を生みだし，入学試験問題を社会問題たらしめ[4]」たと考えることができる。

このように雇用制度のありようと一定の関連を有する大学入試制度は，戦前，戦後をとおしてどのように成立・展開してきたか[5]。

b）戦前における入試制度の成立

戦前における高等学校・大学への入試制度は初期の段階ではいわば資格試験制度であった。高等学校令（1894年）では，高校入学資格を中学校卒業程度とする一種の資格方式が採用され，高校入学はこの有資格者については無試験入学認可とされた。しかし，産業資本の形成期以降，とくに日清戦争以降，より高度の労働力をもつ人材が大量に必要とされるようになった。こうした中で，中等学校が増設され，大学予科への入学志願者が増加し，入学率が減少するにおよんで，1902（明治35）年，文部省は，高等学校・大学予科入学試験規程を定め，従来の資格制度を変更し，総合試験制度を採用した。

大学入学についても，高等学校と同様の資格方式であった。すなわち，「東京大学予備門教則」（1878年）において，「当門学科ハ東京大学法学部理学部文学部ニ進ム為メノ予備ニシテ博ク普通ノ科目ヲ履修セシムル者トス」「故ニコノ四箇年ノ課程ヲ卒エテ試業完キトキハ則チ之ヲ卒業ノ期トシ本人ノ選ニ任セ法理文ノ一学部ニ入ラシム」と規定された以外に特定の規定はなく，大学令制定（1918年）に至るまで基本的にはこの教則にしたがって資格方式に

141

よる入学認可制度がとられた。帝国大学令（1886年）においても大学入試に関する規定はなく，大学が学則の中で定めることとされた。大学への入学者選抜の一般的な方法は存在せず，予備門ないしは高校の卒業者は彼らが選択する学部に入学することができた。すなわち正規の選抜試験は存在しなかったのである。

しかし，こうした状況は，「独占段階下の日本の職場に学歴原理が成立するころからまず大学でくずれ，ついで高等学校にも及んでいくことになる[6]」。1918（大正7）年の大学令とこれにつづく文部省令（大学規程），1927（昭和2）年の高等学校規程改訂がそれである。関連の条文は次のとおりである。

　　　大学令・第九条
　学部ニ入学スルコトヲ得ル者ハ当該大学予科ヲ修了シタル者，高等学校高等科ヲ卒リタル者又ハ文部大臣ノ定ムル所ニ依リ之ト同等以上ノ学力アリト認メラレタル者トス入学ノ順位ニ関スル規程ハ文部大臣之ヲ定ム
　　　文部省令・大学規程第八条
　同順位ニ在ル学部入学志願者ノ数収容シ得ヘキ人員ニ超過スル場合ニ於テ行フヘキ選抜ノ方法ニ関シテハ大学ニ於テ文部大臣ノ認可ヲ受ケ之ヲ定ムヘシ
　　　高等学校規程改訂
　入学前ニオケル学業成績ト中学校第四学年修了ノ程度ニ依リ行フ試験ノ成績トヲ併セ考査シテ入学者ヲ選抜スヘシ

右の大学令は，直接的には，高等教育への社会的要請が増大していく状況，とりわけ大戦後の国際的な経済競争激化を目前にした独占資本の人材育成に対する強い要求を背景に制定されたものであり，そうした角度から高等教育制度の拡大を志向したものであったが，とりわけ文部省令・大学規程第八条が入学にあたって志願者が定員を超えれば，大学側が独自に選抜すべきであるとしたことは，入学者選抜に関する重大な変更であった[7]。

かくて，1928年（昭和3）年，文部省は，「高等学校試験制度改正ニ関スル

件」を通達し,「選抜試験問題ハ各高等学校ニ於テ之ヲ作成スルコト」とした。それ以降,第二次大戦中の一時期（総合試験制の再復活,学科試験の廃止）を除いて,現在に至るまでこの方式が存続されることになったのである。

c) 戦後における入試制度の展開

第一次大戦後,大独占を中心に学歴主義的な経営身分秩序ないし雇用形態が確立されていく中で,入試問題が社会問題化したことはすでに述べたとおりである。第二次大戦後,独占資本が復活・教化されるにしたがって,上述の経営身分秩序ないし雇用形態は拡大再生産され,上級の学校を出れば上層の労働市場へ入り込むことができるという期待が国民の中に深く浸透していく[8]。

戦後の大学入試制度は,おおよそ次のような変遷過程をたどった。

1946（昭和21）年,文部省は,「大学入学者選抜ニ関スル件」を通達し,各学校別選抜方式に復帰した。同年,第一次米国教育使節団は,同報告書の中で,高等教育のあり方として,少数者の特権と利益は多数者のために開放され,才能ある青年を常に豊富に供給しなければならないとし,そのための方法として進学適性検査（以下,進適と略す）の採用を勧告した。かくて,進適は,旧制の高等専門学校が存続していた1947年度から開始され,1949年度開始された新制大学に引き継がれ,8年間にわたって実施された。

進適は,「一般知能検査の性質に加うるに,進学志願者の知能的活動の素質面よりみて,高等教育のいかなる方面の進学に適するかを測定しようとするもの」（「昭和23年度実施の進学適性検査について」）であり,実施期間をとおして,次の基本的な考え方は一貫して変更されなかった。

①入試と切り離して,別の時期に実施。
②国の進適・進学希望校の進適のいずれかを受験。
③選抜の立場のみならず,進学指導の立場で実施。
④府県別に進適監理委員会（当該の国立大学）を結成し,実施[9]。

1952（昭和27）年以降,大学入試制度に関する社会的な関心が次第に高ま

り，進適に対する批判的な論議も活発化し，全国高等学校長協会（以下，全国高校長会と略す）をはじめ，国立大学協会（以下，国大協と略す）や日本学術会議において再検討論ないし廃止論が提起されるなど，全般的に消極的な論調が支配的になった。かくて，1955年度から，進適は，①受験者の負担増（学科試験との二重負担）とこれが及ぼす高校教育への障害，②大学が積極的・効率的に活用しないこと，③財政上の困難等の理由で廃止された[10]。

ほぼこの時期から，大学入学試験制度をふくめ，高等教育制度全体の検討が，とりわけ政府・財界によって積極的に着手されるようになった。以下，中央教育審議会（以下，中教審と略す）と財界の大学入試制度に関する改善構想に注目し，今日に至る経緯を明らかにしてみたい。

周知のように，60年以降の高度経済成長政策→人的能力開発政策は，より効率的な人材の養成と分配への産業界の要請をいっそうストレートに教育制度に向けさせた。

中教審は，まず1954（昭和29）年，「大学入学者選考およびこれに関する事項について」を答申し，「学力検査の成績のみによることなく，高等学校における累加記録を尊重するとともに，本人の資質を考査し，その成績も加味すること」「学力検査については」「全国いっせいにこれを行い，その合格者をして各大学に志望せしめる方法を調査研究すること」を骨子とする大学入試制度の改善構想を提案した。この構想をより具体化したものが，1962（昭和37）年10月に行われた中間答申「大学入学試験について」であった。同答申は，「大学入学についてわが国の現状をみると，人口の増加，教育の普及，産業の発達，民主化の進展に伴って進学志望者の数が著しく増大しているのに対して，大学においては，規模の拡大にもかかわらず，その収容力が不足しており，両者の間に不均衡が存在している。それに加えて志望者が有名校と大都市へ殺到するため，また大学の専門分野別構成が社会の人材需要に即応していないため深刻な大学入学問題が生じている」と述べ，①高校の調査書，進適あるいは面接による選抜が困難または不可能であるため，一回の学力筆

答試験という集団的選考基準による合否決定の問題性，②高校における進路指導が不十分であり，また大学においても入学に関する情報の提供が不備であること，③大学相互間の入試に関する連絡協力ないしは高校との協力の不足，④どの大学をも何度でも，何年続けてでも受験できること，を入学者選抜制度の欠陥として指摘し，さらに，今後の制度改善の方向として，「統一的入学試験制度，入学資格試験制度，無試験入学後の淘汰方法等について，欧米各国の制度実情をもあわせて審議検討したが，わが国の教育制度，社会事情から，ただちにそのような方途をとることは適当とは考えられない」とし，「技術的，制度的な改善方策のみ」に限定し，次のような改善方策を提起している。やや長いが，主要な部分を次に引用しておきたい。

1 学習到達度と進学適性を活用する制度の確立

高等教育を受けるにふさわしい適格者の選抜にあたっては，進学志望者の学力，資質については，高等学校における学習到達度と高等教育への進学適性の判定が基本的な条件である。したがって志望者の学習到達度および進学適性について，信頼度の高い結果をうる方法を検討確立し，この方法により，共通的・客観的なテストを適切に実施することとする。

2 テストの研究，実施のための機関の設置

テストのための問題の研究，作成及びテストの実施のために，新たに専門の機関を設ける必要がある。この機関は，さしあたり財団法人とし，高等学校関係者と大学関係者を中心とし，その他学識経験者，文部省関係者を加えて組織運営されるものとする。また，この機関は上述の目的を達成するため，テストの問題の研究作成および実施に必要な専門家を擁する実施部門をもつものとする。

3 テストの結果の利用

入学者選抜については，各大学には独自の立場と見解があるので，大学がテストの結果を利用することを強制するものではなく，また，大学が筆記や面接その他による独自の試験を併用することを妨げるものでもない。

4　大学相互間および高等学校と大学との連携協力
　　この制度が円滑かつ効果的に実施されるためには，大学相互間および高等学校と大学との緊密な連携協力が必要である。
　5　進路指導と進学志望者の負担の軽減
　　テストの結果を利用して，高等学校において適切な進路指導を行うものとする。
　　テストの問題の内容，テストの実施等については，志望者の負担が過重にならないよう関係者は深い配慮をするものとする。
　6　テストの実施についての経過措置－省略－

　これにつづいて，中教審は，1963（昭和38）年1月，「大学教育の改善について」の総合的な答申を行った。しかし，この答申では，「大学の入学試験について」は上述の62年の答申とまったく同様のことがらが述べられているにすぎない。ということは，「共通的・客観的なテストを適切に実施するための」「専門機関の設置」が中間答申策定の段階で既定方針であったことを示している。さらに，中教審答申と並行し，財界からも大学入試制度に関する発言がなされ，たとえば日本経営者連盟（以下，日経連と略す）が提起した「後期中等教育に対する要望」（1965年2月）の中で，「従来の大学入学試験は，ややもすると高等学校教育に歪を生ぜしめる傾向があり，高等学校教育は大学の予備校的性格をもつものすら見受けられる。この弊をあらためるには，大学入学試験の際の学力検査だけでなく，高等学校の内申書や能力テスト（たとえば能力開発研究所テスト）なども重視すべきであろう」と指摘されたことは見逃すことのできない事実である。
　1963（昭和38）年1月，上述の政府・財界の要請にいちはやく応えるかのように，文部省をはじめ，大学・高校関係者を発起人とし，入学者の選抜と高校の進路指導に必要な共通の学力テスト・進学適性テスト・職業適性テストに関する調査・研究・開発および実施を主任務とする能力開発研究所（以

下，能研と略す）が発足した。能研発足の本質は，巨視的にみれば，激化する国際資本競争にそなえる生産体制に対応しうる労働力の養成・分配計画との関連の中でとらえられなければならないことはすでに述べたとおりであるが，より直接的には「大学の選抜制度を，総合選抜性への切り替えをねらったもの[11]」であった。すなわち，具体的には各大学・学部ごとの選抜試験にかわり，能研の主催する統一試験によって進学希望者の受験負担を軽減し，かつ選抜に伴う財政負担の軽減もあわせて行うことが企図された。そしてさらに進学適性検査の妥当性の検証をふまえ，それに類する検査と学力検査を実施し，その結果資料を希望大学に提示することで，選抜を受ける条件としようとしたのである。しかしながら，進適同様，この制度も高校や大学の十分な合意を得ることができず，実験的な試みに終わらざるをえなかった[12]。

　60年代半ば以後，高度経済成長政策下，人的能力開発政策を急務とした政府・財界の関心は高等教育制度の再編成に集中した。大学問題に関する種々の提言・要望における共通点は，①産業社会の要請に応える「開かれた大学」づくり，②労働力需要に応じる大学の多様化，③研究・教育と管理の分離，④入学・卒業に関する統一的な資格認定制度の設置，の諸点であった。資格試験としての入試制度改革のあり方も，基本的にはハイタレント養成計画の合理的・効率的実施という観点から構想されたものであったと考えられる。

　60年代全般をとおして，大学進学率は異常なほど急上昇した。上述の政策的要因に加え，国民の学歴主義的な意識の一層の拡大は，進学率上昇のいま一つの要因であった。このことの当然の結果として，60年代後半において，高等教育の量的拡大と大衆化が顕著になる。そしてさらに大学の大衆化と連動するかのように，60年代末から70年代はじめにかけて大学紛争が噴出する。

　大学紛争を契機に，財界の大学問題に関する発言はこれまで以上に一層その語調を強くした。すなわち，経済同友会教育問題委員会「大学の基本問題」（中間報告）（1968年11月），日経連「当面する大学問題に関する基本的見解」（1969年2月），経済同友会「高度福祉社会のための高等教育制度」（1969年

7月），日経連「産学関係に関する産業界の基本認識及び提言」(1969年12月)等がそれであり，それらは「大学全体が入試制度の改善に取り組むべきである」ことをとくに強調した。

1971（昭和46）年6月の中教審答申「今後における学校教育の総合的な拡充整備のための基本的施策について」は，以上の提言・要望を総括するものであったと言える。それは，文字どおり幼稚園から大学に至るまで全学校体系の再編を企図するものであったが，改編の基本的方向は，戦略的ハイタレントの効率的養成のための教育制度の改編（大学の多様化，種別化をはじめ，四・四・六制学校体系の先導的試行の提案，無学年制・とび級制の構想など）にあった[13]。さらに同答申は，高等教育制度改革の一環として，「大学入学者選抜制度の改善」を取り上げ，次のような「改善の方向」を提示している。

　大学入学者選抜制度がわが国の学校教育全般に及ぼす重大な影響にかんがみ，今後は，中等教育の段階で，その本来の目的に応じた勉学に専念した者の学習成果が公正に評価され，選抜に合格することだけを目的とした特別の学習をしないでも，能力・適性に応じた大学に入学できるようにすることを目標として，大学入学者選抜制度の改善をはかる必要がある。その場合，選抜方法の改善については，次のような考えをとるべきである。
①高等学校の学習成果を公正に表示する調査書を選抜の基礎資料とすること。
②広域的な共通テストを開発し，高等学校間の評価水準の格差を補正するための方法として利用すること。
③大学側が必要とする場合には，進学しようとする専門分野においてとくに重視される特定の能力についてテストを行い，または論文テストや面接を行ってそれらの結果を総合的な判定の資料に加えること。

　以上の高校調査書，広域的な共通テスト，論文，面接等による総合的判定によって大学入学者の選抜を行うという考え方は，受験体制化した高校教育の正常化と大学入試問題の合理的解決を望む世論の合意を獲得し得る内容の

ものであったといえる。後にみるように，現実には，この改善構想のうち，①が脱落し，②と③がそれぞれ共通一次試験と二次試験という形で実現されていくことになる。国大協を中心とする全国共通試験による選抜方式の基本的な考え方は，基本的にはすでにこの71年中教審答申の中で確定していたと言える。

(2) 共通一次試験とその問題点
a) 共通一次試験の経過

　中教審の最終答申以後，共通一次試験の構想は文部省主導のもとに，主に国大協によって具体化されていく。中教審答申に先立って，1969（昭和44）年，大都市の進学高校を中心に紛争がひろがり，紛争の原因として受験教育の日常化が指摘され，全国高校長会を中心に大学入試改革への要望の声がすでに高まっていた。文部省大学学術局に設置された「大学入学者選抜方法の改善に関する会議」（以下，改善会議と略す）は，1971（昭和46）年12月，最終報告を提出した。その要点は次のとおりである。

　共通学力検査——①大学側と高校側が緊密に協議し，全国規模で実施することが望ましい。②利用方法としては他資料と合せて合否の総合判定のための資料とする方法，第一次選抜のための資料とする方法（予備選抜），調査書の学力評価基準の差異の補正にする方法，などが考えられる。③実施機関の形態，実施方法の手順などは大学，高校，関係団体で協議するのが望ましい。

　大学が行う学力検査——出願教科，科目の種類は，共通学力検査との関連を十分考慮して，大学が特に必要と認める範囲にとどめるよう配慮するのが望ましい。

　一・二期校制度——志願者の国立大学受験の機会を1回に限定しないという趣旨を十分に尊重しつつ，選抜方法改善との関連，国大協における審議状況等をもにらみあわせながら，慎重に検討する必要がある[14]。

改善会議の最終報告は，いくつかの未確定の部分を含みながら，同会議が共通一次試験実施に向けて中教審答申の構想の一部を具体化しつつあったことを明示していると言えよう。

　さらに，国大協においても，第2常置委員会が入学者選抜方法の改善について検討を行い，各大学の二次試験を前提とした場合には，全国共通一次試験は入試改善に資するであろうとの論議が行われた。これに基づいてさらに検討を進めるために，1971（昭和46）年2月，「入試調査特別委員会」が設置され，翌年9月，同委員会によって「全国共通第一次試験に関するまとめ」が報告され，かつこれを中心に，各大学に対し共通一次試験のアンケート調査が行われた。さらに本格的な調査研究を進めるための「入試改善調査委員会」が，文部省から事業経費の交付を受けて1973（昭和48）年度以降発足し，共通一次試験問題の実施研究を含む調査研究を行った。同委員会は，1975（昭和50）年3月，これまでの検討結果をまとめ，「国立大学入試改善調査研究報告書」を公表した[15]。

　同報告書では，その結論として，全国共通一次試験を各大学独自に行う二次試験と組み合わせて使用する場合には，①多少とも高校教育の正常化に寄与するであろうこと，②入試問題の適切化ならびに「一発勝負」による判定の是正に役立つことができること，③より客観的に入学者を適正に判定することができること，という3点で，大学入試改善の一歩前進を可能にするものであると述べ，出題形式として客観テストを採用するため，出題内容と出題方式に一定の限度が生ずること，共通一次試験と各大学独自の二次試験を有機的に組み合わせること，入試業務の実施機構等を検討することを今後の課題として指摘した。

　1976（昭和51）年3月，同委員会は右の報告書について各国立大学の共通一次試験に対する意見のアンケート調査を行い，それが適切な入学選抜に貢献するという回答が70％を越えた。さらに同委員会はこれまでの調査研究をふまえ，「国立大学入試改善調査施設」の設置の必要を文部省に答申し，これ

にこたえて東京大学に同施設が設置された。そして同年11月，国大協総会において1979年度より実施の方針が正式決定された[16]。

かくて1977（昭和52）年5月，大学入試センター設置法（同年3月成立）に基づいて「大学入試センター」が正式発足することによって，体制づくりはほぼ完了し，1979（昭和54）年1月，第1回の共通一次試験が36万人の受験生を対象に実施されたことは周知のとおりである。

以上が経過の概略である。その経過が明瞭に示しているように，かつての進適や能研テストの失敗を繰り返さないように，国大協が終始前面でその準備にあたり，実質的にはほぼ文部省の主導のもとに推進されてきたといっても過言ではない。しかも，その基本的な改革理念は，すでに述べたように，政府・中教審の提起してきた路線を決して踏み越えるものではなかったといえる。むしろ事実経過から判断する限り，政府・中教審の構想を文部省が強力に媒介しつつ国大協が継承し，具体化したというべきであろう。

b）問題点

それでは，共通一次試験を中心とする大学入試制度改革にはどういう限界や問題があるか。

第1に，今回の入試改革における教育制度改革としての改革理念の貧しさである。今日の受験偏重教育の要因が入試制度に求められるべきであることは繰り返して述べるまでもない。とはいえ，入試制度の部分的改革だけで，今日の教育の荒廃状況を根絶することができるとは到底考えられない。大学のあり方を含め，教育制度全体の抜本的改革なくして当面の入試地獄とそれがもたらす受験偏重教育を根底から解消することは困難であると言わなければならない。入試制度も教育制度の一環であることは言うまでもない。高校教育との関連で大学入試をどう位置づけ，大学教育の内容を充実・発展させるかという，教育制度（とりわけ青年期の）としての入試制度の基本的な考え方が今回の入試改革においてはほとんどまったく明らかにされていないと言える。

第2に，教育への国家統制が強化される危険性である。すでに指摘したような，財界の入試制度改革に関する提言・要望の中には，国の関与を示唆するものが少なくなかったし，今回の改革の事実経過が示すとおり，政府・文部省のこれまでにない熱意と積極的な関与があったことも明かである。さらに加えて今日の教育現場の実状をみると，大学入試の内実が高校以下の教育に多大の影響力をもっていることも否めない事実である。それだけになおのこと，従来と比較すればはるかに文部省の関与を受けやすいしくみの中で，しかも全国統一方式によって行われる入試制度に対して，国家統制の危険を感ずることは決して杞憂というべきでないであろう[17]。

　第3に，共通一次試験による学力検査の限界性の問題である。すなわち，共通一次試験では，コンピュータの読み取り可能なマークシート方式を全面的に採用しており，試験問題の形式は多肢選択式のものに限定することを余儀なくされている。試験の客観性を確保するとともに，大量の答案を迅速かつ正確に処理するためにはやむをえないとはいえ，こうした方式によって測定される学力の内実に一定の限界が存在することも見逃すことのできない問題である。より具体的に言えば，多肢選択方式による試験は，①正解がありえないもの，②正解があるとしても必ずしも一義的には定まらないもの，③正解が一義的に定まるとしても多様な表現が可能であるもの，詳細な条件記述が必要であるものについては問題作成が困難と言える。さらに，鑑賞力，表現力，論理的展開力，創造性等の能力は測定不可能である。マークシート方式による学力測定における技術的限界性も共通一次試験の重大な問題の一つと言わなければならない[18]。

　第4に，今回の入試制度改革において，高校側の主体的な参加が欠落していたことである。中教審答申における入試制度改革構想は，正当にも大学と高校の連携をはかることを重視したにもかかわらず，専ら国大協によって具体化のための準備作業が進められる過程で高校側の参加のあり方がほとんど等閑視された。中教審答申における，高校の調査書を大学入学者選抜の基礎

資料とするという第一項目が脱落し，元来高校の調査書を補正する手段として提起された第二項目の共通試験のみが，しかも試験の調査研究と実施への高校の参加を保障しない形態で，前面に出ることになったのは，高校側の主体的な参加が欠落したことの一つの結果と言えないであろうか。

第5に，高校生ないしはひろく高校教育に与えた影響である。今回の共通一次試験は，実質的には，試験科目の増加，国立一期・二期校の解消（一元化）等，高校生により過重な負担を課すことになったと考えられる。さらに，試験期日の大幅な早期化は，通常の教科指導だけでなく，クラブ活動その他の特別活動をはじめ，文化祭，体育祭，修学旅行等の学校行事に著しくマイナスの影響を与えている場合が少なくない。今回の改革は，大学，とくに大学教官にとっては入試業務に関して一定の負担軽減になりえたといえても，高校生にとってはむしろより過重な負担が与えられることになったといえる。

第6に，偏差値による大学の序列化が一層促進される危険がある。いわゆる有力受験産業の全国進出は，今回の入試改革がもたらした顕著な現象の一つである。受験産業によって精細に予測された偏差値による「全国大学別入学難易度」がこれまでになく受験生の志望校決定の道標とされたことは，よく知られているとおりである。二次試験が，懸念された「足切り」を最小限にとどめ，一部に予想されたような混乱もなく，むしろ平静に行われたのも，そのことと無関係ではなかった。いずれにしろ，今回の改革によって受験学力の偏差値による大学序列化の可能性が増大こそすれ，社会問題化した大学入試問題を根源的に解消するものではなかったと言わなければならない。

(3) 大学入試制度改革の課題——当面の改革課題

それでは，すでに共通一次試験制度が開始され，種々の問題を露呈しつつある現実の中で，今後どう入試制度の改革に取り組まなければならないか。

まず当面，前述した問題点を解消するための，より現実的な改革課題を箇条的にあげるなら，次のとおりである。

第1に，高校（教師）と大学（教師）の緊密な連携・共同関係を創出する必要性である。すでにみたように，国大協を中心にこれまですすめられてきた改革経緯をみても，今回の入試改革において高校側の主体的な参加が十分に配慮されたとは決していえない。このことが入試改革を部分的改革に矮小化させ，高校側にかえって混乱や負担の増大をもたらす一因になったことはすでに指摘したとおりである。当面，大学入試センターの事業運営に高校（教師）の参加を可能にし，入試に関する調査研究，問題作成等に大学（教師）と高校（教師）が共同で取り組むことのできる方途が早急に講じられる必要がある。

　第2に，高校の調査書の重視である。高校の学校間格差を理由に，従来から大学側の高校調査への不信は決して小さくはないだけに，容易に実現できることがらではないことは周知のとおりである。しかし，少なくとも高校格差等による調査書のアンバランスを補正するための方法として，共通試験を利用するという中教審答申の基本構想に立ち返ることによって，共通一次試験によって高校教育がふりまわされる状況を最小限にとどめなければならないと考える。

　第3に，推薦制度の積極的な導入をはじめ，面接，論文等，二次試験の内実が多様でかつ，各大学・学部に個性的な方式によって行われることによって，一次試験の学力測定における限界が克服されなければならない。推薦制度は大学入学者選抜における高校側の意志の尊重と，高校での学習成果に対する正当な評価とが結びつくし，多様でかつ個性的な二次試験は各大学・学部の入学者選抜における独立性・主体性を相対的に強化することにつながるであろう。

　第4に，受験機会の拡大である。一期・二期制の一元化は二期校のコンプレックスの解消を企図したものであったが，単なる形式的な一元化のみで問題の解決がはかられたとは考えられない。むしろ，それがもたらした受験の機会が減少したことがより深刻な問題を生んでいるという側面もある。青年

の進路選択の可能性を少なくともこれまで以上に局限しないためにも，一，二段階の時期に二次試験を分散させることが再検討される必要があろう。

　第5に，職業高校出身者に対するより十全な配慮の必要性である。それは今回の入試制度改革において重大な欠落点の一つである。今日，受験教育体制→偏差値主義の被害を顕著に受けているのが職業高校である。共通一次試験の科目内容は，とりわけ職業高校出身者の大学進学を十分に想定し，これを前提として決められているとは考えられない。職業科目による代替，実技技能の重視等，一面的な学力評価のみならず，青年の多面的な諸能力を正当に評価することによって職業高校から進学可能な積極的方策が必要である。

　以上のような当面の改革課題のほか，一方で次のような，より抜本的な改革課題がやや長期的に取り組まれなければならない。

　第1に，入試制度のもつ基本理念の変更である。現行の入試制度は選抜試験である。この選抜制度はさらに今日の能力主義教育（政策）を貫く競争ないし排除の論理を前提とする。競争ないし排除の論理は子ども・青年の発達の可能性を追求し，その実現化を援助する教育的営為には著しく背反する論理である[17]。ここに入試問題が教育の荒廃をもたらす元凶と考えられる理由がある。今後，入試制度改革が志向すべき基本方向は，非教育的論理を内包する選抜試験としての入試制度を資格試験としてのそれに変更し，これを教育制度とくに青年期教育制度の一環として位置づけることである。

　第2に，大学の学校間格差の是正である。大学における差別的格差，とくに設備，財政規模の格差が特定大学に進学希望者を集中させる遠因となっていると考えられる。国民の高度な学習要求に応え，設備・スタッフ等の充実，学生定員増等，これを十分に充足しうるに必要な教育・研究条件を整備し，大学間格差を除去することが，入試制度の改革を実質化する要件である。

　第3に，入試制度を選抜装置とさせている要因として，産業界において学歴を基調とする雇用慣行（とりわけ学歴による昇任制度・賃金形態，新規学卒者の定期採用および年功序列型の終身雇用制度等）が存在することを看過

できない。この学歴主義的な雇用慣行こそ,入試制度だけでなく教育制度そのものをも産業界にとって有益な人材を選別するしくみたらしめ,いわゆる学歴社会を創出している基底的要因といえる。繰り返すまでもなく,入試制度の改革は,入試制度という枠内ではむろん,小手先の教育制度の改革によっては実現の可能性は少ないと言わざるをえない。入試制度のあり方を規定する基本的要因を剔り出し,これを除去することなしに問題の基本的解決はありえない。学歴を重大な価値基準とするわが国の雇用制度の改革は,入試制度の抜本的改革にとって不可避的要件と言えよう。

注

(1) 日本教育学会入試制度研究委員会『入学試験制度の教育学的研究 第2集』,『同 4集』に調査研究の成果が収められている。愛知についての分析は,拙稿「高校生の進路選択の諸問題－愛知県の進路意識調査から－」『前掲 第4集』参照。

(2) 本稿では東北大学青年心理学メンバーによる本調査全地区の集計資料のうち愛知地区のものを使用した。

(3) OECD・深代惇郎訳『日本の教育政策』1972年,朝日新聞社,90頁。

(4) 中内敏夫「大学入学試験制度の教育学的考察」日本教育学会大学教育研究委員会『大学教育についての研究(中間報告2)』1972年,76〜77頁。

(5) 大学入試制度の成立・展開過程については,増田幸一他『入学試験制度史研究』(1961年・東洋館出版社)を参照。拙稿もとくに戦前の入試制度にかんする事実経過については同著に負う部分がすくなくない。

(6)(7) 中内敏夫,前掲論文・77頁

(8) 麻生誠『学歴と生きがい』1977年,日本経済新聞社,63頁。

(9) 増田幸一他,前掲書・100頁。

(10) 増田幸一他,前掲書・109頁。

(11) 後藤誠也「学校と選抜」,藤永保・麻生誠編著『能力・適性・選抜と教育』(現代教育講座7),1975年,第一法規出版,149頁。

第 5 章　高校生の進路選択と入試制度

(12)　前掲論文，149〜150頁。
(13)　横浜国立大学現代教育研究所『中教審と教育改革』1971年，三一書房，289頁。
(14)　黒羽亮一「理念と現実の間で揺れた共通一次試験」『季刊教育法』第27号，1978年春季号。
(15)(16)　湊秀雄「入試制度」『ジュリスト』第603号，1976年 1 月，有斐閣。
(17)　浜村正夫「共通一次試験の社会的背景」『季刊教育法』第27号，1978年春季号。
(18)　梶田叡一「国大協共通一次試験構想にひそむ問題点」『海外教育研究』 4 ，1977年11月。
(19)　「大学入試を全廃せよ」『月刊教育の森』1977年12月号，毎日新聞社。

参考文献
・金賛汀『追跡高校中退』1986年，講談社。
・新田照夫『六三制と大学改革』1993年，大学教育出版。

第6章　子ども・青年の社会参加と自己成長

1　子ども・青年の社会参加と環境条件づくり

(1) 近年はやや停滞気味

　ここ数年，ますます気になる学生の変化がある。それは，学生たちの遊び，趣味をはじめ文化・スポーツ活動，はたまた自治会活動に至るまで，集団的な活動の確実な衰退ぶりである。授業中の私語が多く（とくに短大の女子学生が目立つ），ゼミでは意見がさっぱり出ない。面倒な会則や規約のある，厄介なクラブ・サークルは役員にでもさせられたらと敬遠気味，否，拒否反応を示す学生も少なくない。年一回の総会さえ成立しない自治会は，今やマイノリティーではない。学生自治会そのものが存在しない大学もめずらしくはなくなった。大学祭の企画はイヴェント屋に委託，その結果，出演者はおおむねプロ，学生たちは観客席に，ということになる。面倒な活動には参加しなくても，仲間同士の「芋こじ」的な，密接なコンタクトがあればそれでもよい。しかし，どうも喫茶店で，（お互いに深くかかわりあうことを避けるかのように）別々のマンガを黙々と読みふけっている姿の方がいっそう印象的に目に映る。

　以上は，私の最も近いところでの青年の風景の一断面図である。協同・連帯の意識や行動能力の顕著な後退現象といってよい。

　ところで，こんな現象は私の身辺だけではなく，どこの学園でも大なり小

なり同様のようである。そして，たぶん職場で働く青年たちの中にも同じような状況が広がりつつあるにちがいない。こうした今日の青年にほぼ共通の傾向は，他ならぬ大人（社会）の実態を反映したものであるし，大人（社会）の所産であることは否定できないであろう。それは，大人たちの築いた地域の生活（青少年にとって掛けがえのない成長・発達環境でもある）の産み落としたものであり，とりわけ地域の子育て・教育のありようがもたらした影響の結果と考えてよい。大人たちが，青少年の成長や自立のためにどんな環境条件づくりに取り組んできたのか，そこにどんな限界や問題点がひそんでいるのか，これらの点を明らかにしないでは，論議は片手落ちになるであろう。

　ここでは，以上のような問題意識に立って，愛知・名古屋を中心に青少年（学齢期から30才未満の幅広い年代層を含む）の社会参加（一定の組織・集団的活動を基礎とし，学習・文化・スポーツ・ボランティア等を中味とする）の現状と課題について述べてみたい。

(2) 停滞の原因は何か

　名古屋では，1960年代の高度成長期以降，勤労青少年教育へのニーズが高まったのを契機として青年の家の建設をはじめ，学校開放事業の拡充，青少年健全育成組織の設置等，各種の青少年関係施策が取り組まれてきた。愛知県下の他市町村はもちろん，全国の他の政令指定都市と比べても名古屋市の青少年行政・施策の数々のすぐれた実績は正しく評価されてよい。しかし，にもかかわらず近年，総じて青少年の自主的な社会参加は低調であり，この現状が続けば今後いっそうの停滞に陥る危険性がなくはない。それでは，まずは青少年の社会参加の停滞状況の原因や背景をどのように考えたらよいのか。

　結論を先にいえば，青少年の社会参加を消極的にさせてきた最大の要因は，高度経済成長以降，経済生活を最優先する価値観が支配的（とくに愛知，名

古屋のような，文化的風土は閉鎖的ではあるが，いずれかといえば経済的合理主義の強い地域ではなおのこと）になる中で，漸次肥大化してきた学歴社会と排他的な競争社会に求められよう。

こうした価値観に色濃く染まった教育体制のもとで，多くの青少年をやむなく自己中心的な生き方へと駆りたてているのが実態である。その結果，青少年の中には，他者への関心や他者との協同・共生の意識・意欲が薄くなり，社会的存在としての自覚を十分に持てなくなっている者も少なくない。青少年の非行・問題行動も，こうした学歴社会の競争論理の所産と言えなくもない。

さらにまた，高度経済成長期以降拡大してきた経済至上主義的な価値観は，家庭や地域における大人（とくに父親）不在をひき起こし，青少年が文字どおり「大人の背を見ながら」育ちうる文化・生活環境づくりを怠らせ，青少年の成長・自立に対する大人の側からの援助の著しい弱体化（家庭・地域の教育力の低下）をもたらしてきた。この点も，青少年の主体的な社会参加を低調にさせてきたもう一つの大きな要因として見逃してはならない。

以上のような基本的な要因・背景をふまえ，さらにより具体的な要因としては次のような諸点に注目しておく必要があろう。

(1) まず家庭環境の変化がもたらした影響である。核家族・少子化がすすむ中で，家庭における子どもへの過保護，過干渉，逆に放任といった状況が確実に増大している。また家事の省力化等により，家庭での青少年の役割発揮の機会が著しく減少している。受験勉強に専念せざるをえない日常生活がこうした傾向に拍車をかけていることは周知のとおりである。

(2) 一方，大人の側の生活者としての問題点である。つまり，親・大人自身が地域から孤立し，地域のさまざまな人々との共同・連帯の生活を営みえていないし，そうした生活をめざして努力しえていない，という点である。言いかえれば，親・大人の地域参加への主体的な姿勢がつくられておらず，それゆえに親・大人自身が地域の他者とのかかわりの中で自己成長

し，自己実現できていないということに他ならない。

(3) 他方，学校教育のもつ問題点もきわめて重大である。その一つは，高学歴志向の社会的風潮の中で，入試競争に打ち勝つことが至上命題となり，いわゆる受験「学力」偏重の教育が支配的とならざるをえなくなっている点である。そうした教育のありようが青少年の人格と知性と身体の全面にわたる全人的な成長・発達を著しく阻害していることはあらためて強調するまでもない。

(4) 二つ目には，管理主義教育の弊害である。学校（とくに中学校と高校）では児童・生徒の問題行動を未然に防止するために，膨大なきまり・規則の厳守を強要する管理主義的な生徒指導が実施されてきた点である。この傾向は愛知全体にやや顕著であるが，個性的で，のびのびとした自治活動が制約されるなど，青少年の人格形成に対するマイナスの影響が懸念される。

(5) さらに子どもたちが育つ地域（生活）環境の貧しさである。地域における子育て・教育環境をより良くするうえで，地域文化・仲間集団，遊び場，児童公園，児童館等の充実は不可欠であることは言うまでもない。しかし，現状ではまだ地域のニーズに十分応えうる状況に至っていない。働く女性が増える中で，児童福祉にかかわる環境条件への必要感はますます大きくなりつつあると言えそうである。

(6) また家庭・学校・地域3者の連携上の弱さも指摘しないわけにはいかない。これら3者の連携の必要はこれまで繰り返し強調されてきたが，依然として「ボール（教育責任）の投げっこ」は続いており，今後克服されるべき問題点である。

(7) さらに既存の青少年団体のかかえる問題点も見逃せない。その一つは，年間に僅かの行事を行うだけの断続的行事型，夏休みだけの活動で，あとは実質開店休業という一発行事型とでも言えそうな，継続性に欠けるイヴェント主義的な団体も少なくないということである。その二つは，後継者

の養成や指導者の確保が困難になっており，そのことが活動の停滞をもたらしていることであり，三つ目には，ともすれば大人の主導性が前面にでて，青少年自身が主人公として参加できていない団体活動もめずらしくない点である。

(8) 次に地域の青少年育成体制の問題点である。青少年問題協議会から学区単位の育成組織に至るまで，この種の組織の活動の形式化，肝心の青少年（団体）代表者の参加が不十分なこと，青少年（団体）活動への指導・援助体制の弱さなど，地域における青少年育成体制が必ずしも有効に機能しえていないことも大きな問題点である。

(9) 加えて施設の運営上の問題点も見逃せない。名古屋では青年関係施設が次第に拡充され，運営上の工夫，改善もなされてきたが，青年たちが自由に出会い，ふれあい，学びあえる「たまり場」としての役割をまだ十分に発揮することができているとは言えないし，同施設の事業が青年たちの多様な生活・学習課題に応えきれているとは言えないのではないか。

(10) そして最後に，働く青年たちにとって案外余暇・自由時間が制約されていることが少なくないということである。とくに最近社会問題化しつつある長時間・超過密労働（時間外労働の増加傾向，有給休暇の未消化状況，ＯＡ・ＭＥ化の促進等）といった職場の実態も，勤労青年の社会参加を阻害する要因の一つとして当然のことながら見逃してはならない。

(3) どんな取り組みが必要か

以上，やや羅列的に具体的な要因と考えられるものをあげてみたが，家庭，学校，地域，職場といった生活環境そのものに，青少年の社会参加を消極的にさせているさまざまの原因が含まれていることを確認した。

それでは，青少年の積極的な社会参加を実現し，かれらの成長と自立をいっそう効果的に援助していくうえで，どんな取り組みや行政施策が求められているのであろうか。家庭，学校，地域等での課題について考えてみたい。

(1) まず家庭での子どもの役割の復権である。伝統的な固定的性別役割分担意識（「男は外で仕事，女は家事，育児」がそれぞれ本来の役割とするとらえ方）が今なお根づよく残存する中で，子どもたちは勉強（塾），家事は専らお母さん，お父さんは会社の仕事に専念といった役割分業がごく一般的となっている。子どもたちが将来主体的な生活者として社会参加できるための基礎的な意識・能力づくりは，年少のころからの家事の協同の習慣からはじまるといってよい。要するに，家庭の教育力の再生，復活が第1の課題である。

(2) 次に子育てのための地域（生活環境）づくりも親（大人）に課せられた大切な仕事といえよう。親（大人）たち自らが地域の生活者，主人公として生き生きと豊かな地域生活づくりに手をとりあって取り組み，その中で日々成長していく，こうした親（大人）たちの姿（「背」）を子どもたちに見せてやることこそ，地域の教育力の中味に他ならない。

(3) また「ゆとりと充実」の学校教育の必要性が叫ばれて久しいが，実質的な効果はまだ十分実感できない。抜本的には教育制度とくに入試制度の改革により学力以外に多面的な個性・能力を評価するなど，受験体制下の学校教育の現状を変えることが不可欠である。他方ではまた，生活指導の充実により，子どもたちの自主的な集団づくり，共同の生活・活動体験を重視し，社会の主人公として必要な協同意識や自治能力を着実に育てていくことが当面の大切な課題である。いずれにしても学校教育（とくに中等教育と高等教育）改革は青少年のものの考え方や価値観にきわめて大きな影響力を与える決定的な課題と言えよう。楽しく，充実した学校生活を通して，人間らしい，豊かな感性と「活きて働く」本物の学力を身につけることのできる学校教育の創造が今痛切に求められている。とくに大都市で急増する登校拒否，高校中退等の問題の深刻さを思うと悠長にかまえてはおれない。

(4) 一方，青少年がさまざまな立場の人びとと世代を超えて出合い，ふれ

第6章　子ども・青年の社会参加と自己成長

あう機会を可能な限りたくさん持ちたい。これまで交流活動といえば，ややもすると同世代の，しかも同質集団内のそれに偏りがちであり，そのことが青少年の広く，深い視野の成長をも阻害してきた点もなくはない。技術革新，情報化，国際化，高齢化等，今日の激しい社会変化のもとで，人間的な人格・感性と的確な知性・判断力を培い，さまざまな立場の人びとと「共に生きる」社会を築いていくためには，とりわけ先達世代の経験や知恵に学ぶことは不可避の要件といえよう。青少年がいろいろな立場の同世代ないしは異世代の人びと（むろん国際的な交流も含めて）との活発な交流のチャンスをいっそう幅広く設けることがますます重要な課題となっている。

(5)　さらに青少年の成長と自立を援助する行政施策の充実・発展の必要性である。これまでの名古屋市の青少年関係行政施策には数々の成果があったことは確かであるが，青少年活動に対する教育的援助という角度からみると，児童館，留守家庭児童育成事業等は市民のニーズに必ずしも十分に応えきれているとは言えないし，大人社会による管理・監視的対策に堕しかねない健全育成事業，関係職員の教育専門職としての専門性の不十分さなど，まだ多くの点で課題を残していると言わざるをえない。青少年の積極的な社会参加のための物的・人的な環境条件，とりわけ関係施設の増・改築（親しみやすく，利用しやすい施設づくり）と，管理運営上の改善（各施設ごとに青少年や関係団体代表者を中心とする運営組織を設置，また各種事業の企画・運営に青少年自身の参加を図るなど），青少年育成体制の整備・活性化（青年活動のリーダーや青年関係団体関係者の参加など），専門性を重視した職員養成の強化，そして青少年活動への市民，社会一般への啓発の促進）など，青少年の成長と自立を適切に援助する行政の役割が今後いっそう効果的にすすめられる必要があろう。

(6)　とくに青年の家，社会教育センター，公民館等での事業案内の改善の必要性についても強調しておきたい。こうした施設の事業の中心である学

級・講座のもち方，その中味次第で青少年の社会参加への意欲や姿勢をいかようにも左右し得るからである。従来名古屋市では地域での施設を拠点とする青年の団体・サークル活動が他地域と比べて活発であったのはすぐれた学級・講座の実績によるところが大きかった。すなわち，1970年代以降の青年講座には，青年たちが自らの「生いたち」や「生きざま」を歴史や社会の動きの中に位置づけ，客観的かつ主体的にものごとを捉え，実践できる自立的な「生き方」を仲間とともに学びとっていくというものが少なくなかった。こうした学習活動が多くの仲間集団（サークル）を生み，さらにサークル間のヨコのつながりをつくり出してきたし，そして青年たちの積極的な社会参加の基盤をなしてきたといっても過言ではない。またこのような学習活動とサークル活動で育った青年たちが，施設・行政の職員と語り合い，協働して，青年のニーズに応えた施設運営や事業づくりに取り組んできた，その成果を見落としてはならない。以上のような名古屋の青年の学習活動が築いてきた実績・成果を今後いかに継承し，発展させていくか，青少年の社会参加の促進という観点からみても，この点が当面の大きな課題と言えよう。

(7) さらに青少年のまちづくり（行政）への参加の促進の必要性も今後の課題である。この点では名古屋市では（愛知県下のどこの市町村も）青少年関係審議会，一部の社会教育関係委員会を除いてまだ本格的に着手されてはいない。これからは，まちづくり（都市計画，地域振興等）に関する政策・行政計画づくりに青年代表が積極的に参加する機会を広く設け，彼らが地域・自治体の主人公としての，そして21世紀の社会を主体的にきり拓いていく担い手としての自覚や能力を培っていくことができるように配慮することがきわめて大切な課題となっていると思われる。

(8) そして最後に勤労青年がもっと活発に社会参加できるようになるには，前述した長時間・超過密労働化する職場の現況を打開し，労働時間短縮，有給教育文化（余暇）休暇の導入等，職場における抜本的な制度，慣行上

第 6 章　子ども・青年の社会参加と自己成長

の改革も必要不可欠となっている。これも早急に実現したい課題である。
　以上，青少年の社会参加のための条件や課題についていろいろな角度から考えてみたが，やはり基本的に大切なことは，青少年の人間形成にとって仲間との共同生活・共同活動の体験を存分に持たせ，世代を超えた交流の機会をもっと豊かにつくりだすことが，いかに必要になってきているかということを私たち大人（社会）が正しく理解することだと思われる。
　どの地域でもそうであるが，とりわけ大都市にあっては青少年は自らの存在感を持ちうる場と役割を見出しにくい。そして「孤独な群集」の中に埋没しがちである。「青年都市」（青少年人口が相対的に多いという意味で）名古屋も決して例外ではない。

2　地域と人づくり

(1)　地域の崩れ
ａ）豊かさの中の貧しさ

　ＧＮＰ世界№2，世界最高の債権国など，経済大国日本の豊かさぶりがしばしば口にされている。確かに，現在，日本社会は，有史以来の豊かさを誇っている。しかし，モノとカネが豊かな一方で，ココロの貧しさが気になる。特に地域で人と人とのきずな，心のこもったふれあいが一昔も二昔も前の時代と比べると著しく希薄になったことも，そうした貧しさの一つと考えられる。
　周知のように，高度経済成長期以降，工業化の急速な進展に伴い，大規模な人口移動，新旧住民の混住，職住分離の一般化，モータリゼーションの普及，個人中心のマイペースの生活意識の広がりは，旧来の共同体としてのムラの解体を一層促し，良くも悪くも存在していた地域における相互扶助の人間関係や連帯意識を希薄にし，人々の生活上の協力関係や問題解決力（自治能力）をも衰退させてきたと言える。

なかでもこうした地域の連帯や自治能力を衰退させてきた一番の元凶は，ひたすら経済的繁栄を追求してきた産業・経済優先の価値観であったのかもしれない。男性勤労者の多くが，ややもすれば仕事以外に生きがいを感じない企業戦士と化し，地域の主体的な生活者にふさわしい役割を十分に果たしえなかったと言わざるをえない。何とも悲しいことに，男性勤労者にとって地域が，文字どおり寝るために帰るベッドタウンとなってしまった。さらに働く女性が次第に増えていくにつれて，これまで地域活動の実質的な担い手であった成人女性の地域離れも，近年顕著になり始めている。かつては地域社会を支えていた人々の高齢化と相まって，地域における大人不在，地域の空洞化ともいえる事態を招きかねないのが現状である。

b）内発的地域づくりを

　大げさないい方のようであるが，地域は，今まさに音をたてて崩れようとしている，といっても決して過言ではない。その際，地域の崩れのツケが得てして社会的弱者（子ども，老人，障害者）に回ることになりかねない。弱者が目を輝かせ，希望を抱いて潑剌と生きていけない社会は決して豊かな社会とはいえない。言うまでもなく，地域は子ども・青年を人間らしく心身ともに健やかに育む土壌であり，老人や障害者が生きていてよかったと実感できるふれあいと支えあいの広場である。そして，大人たちにとっても，男性も女性も，むろん世代や立場を超えて，ともに持ち味を発揮し，協同する中で社会の主人公にふさわしい知恵や力を身につけていく生活空間であるべきである。地域は，すべての人々にとって，人間らしくともに成長，自立し，支えあって生きていくうえでかけがえのない存在であるはずである。

　一層の高度産業化，情報化，高齢化といった激しい社会変化に押し流されないために，そして人間らしい生き方を取り戻すには，どうしても温かいぬくもりのある，人と人のつながりのある地域づくりをしていかなければならない。むろん，自然や物的な環境も大切なことは言うまでもないが，やはり

何といってもそこに住んでいる人と人とのかかわり，これこそ地域の一番大切な中心軸だからである。
　子ども・青年，父母を含む住民こそが主人公の，内発的，主体的な地域づくりを通して，子育て環境や地域の教育力をより一層豊かなものとしていくことが必要である。

(2)　子ども・青年の生活と成長を阻害
a）3「間」が不足
　子どもたちに3つの「間」が著しく不足しているという。中・高校生の実態を象徴的に物語っている表現だと思う。3間とは，仲間と時間と空間の3つである。心から思うところを通じあえる仲間に欠けている。まるで会社人間みたいに忙しくて時間がない。地域には友だち同士くつろげる居場所もない。つまり，彼らの多くが仲間と共に自由に遊んだり活動したり，共に生活を過ごす時間がますます失われている。ファミコンやマンガなどの商業的なメディアの爆発的な繁栄の中で，子どもが室内で一人で過ごすという状況がごく普通になってしまい，子どもらしい集団や人間関係が育ちにくくなってしまっている。さらに受験競争がこれに拍車をかけている。こうした子ども同志のつながりがバラバラで，分断された状況の中で，他者への共感性や自律的な精神や自治的な力が育つことは大変困難であり，心と体と学力の全面にわたって子どもたちが健やかに成長することを難しくさせていると言わざるをえない。
　それでは，子どもたちの発達のゆがみを克服していくための地域でのとりくみ，とくに地域の人と人とのつながりを取り戻していく取り組みはどうあるべきか，以下4点にわたって提言してみたい。
b）こころの発達のゆがみ
　子どもたち，若者，壮年，高齢者，あるいは障害者，さまざまな人びとが共に地域でくらす，人としてごく当たり前の生き方をノーマデイゼイション

と言えば，これは子育て・教育にとっても大変大切なことと言えよう。つまり，世代や立場を超えた出会いやふれあいや交わりを，もっと意図的につくっていくことが人づくりにとって大切なのではないかと思う。お年寄り自身がもっている豊かな人生経験，経験から得た知恵といったものを有効に活かしていく。私たち後輩の世代から見れば，お年寄りは，地域の歴史や文化そのものを自らの中に，経験や知恵としてもっておられる。地域の文化を担い，伝承していくという意味でも，子どもたちからお年寄りに至るまでのつながりを密接にしていくことが必要だと思う。これは，これから地域で人びとがこぞってお互いに支えあって共に生きていける社会を築いていく，世代を超えたふれあい・連帯感というものを豊かにしていくということにつながる。

　朝日新聞に連載され，その後，1冊の本にまとめられた，日野原重明さんの『老いを創る』（朝日新聞社）という本がある。本当に生きがいのある老いを迎え，高齢者の生活を豊かに創造していこうということが提唱されている。日野原さんは内科のお医者さんで，老人医学がご専門であるが，お年寄りの持っている豊かな経験や知恵は，社会的な共有財産であるとおっしゃっている。これは，次の若い世代に是非残し，伝えていくことをしないと，大変な社会の損失であるとおっしゃっている。若い世代の人たちは，お年寄りから隠れた知恵を引き出していく配慮をもっとしていかなければならない。それがお年寄りにも生きがいになるので，双方にとって大変有益となる。大都市化が著しく，人と人との関係がきわめて薄い地域では，とくにお年寄りや，障害をもっておられる方々を子どもたちは知る機会が非常に少ない。子どもたちは，核家族と学校での画一的な子ども集団の中でしか生活していないので，ある意味では，きわめて一面的な人間がつくられる気がしてならない。地域で子どもたちと大人たちがふれあうことは，子どもたちの人間形成にとって大変重要な場をつくることになるのではないか。

　私自身，参加した経験をもつが，名古屋の熱田で「ふるさとづくり交流会」があり，老人会と青年会が交流した。むろん名古屋の場合も例外ではないが，

第6章　子ども・青年の社会参加と自己成長

　かつての青少年の地域団体や青年会は地域からやや遠い存在となって久しい。しかし，交流会ではそうした青年会のメンバーや公民館で育った青年たちと高齢者大学，高齢者教室のお年寄りたちが対面し，戦争中の熱田という地域はどうだったのか，伝統・歴史のある町として，ふれあいとうるおいのあるまちづくりをどうしていくか，たっぷり話し合いがされ，青年とお年寄りが地域というものを媒介に結びついた思いがした。

　県下の小学校では，ゆとりの時間に，お年寄りや社会人から地域の歴史的な出来事や昔話などを聞く機会をもっている学校がかなり増えてきたが，これからもこういう試みをぜひ広げていただきたいものである。

　さらに，勤労体験学習や国語の表現の授業などを活用して，社会の一線で一生懸命働いている方々との出会いをさせ，実際に一緒に働いてみて，働くことの感動を実感する。そして，この体験をレポートに書いて文集をつくる，という生活指導と学習指導をまるごと結びつけた，いわば生き方指導に取り組んでいる高校もある。こうした大人の生き方から体験的に，しかも主体的に学びとらせる実践はきわめて示唆的だと思う。

　要するに，青少年にとって学校の内外でとくに地域で素晴らしい，輝いた人格との出会いの可能性をもっともっと豊かにつくり出してやりたいと思う。なぜなら，目前の入試の備えもむろんやむをえないが，長い人生をどう主体的，自立的に生きるか，自らの生き方を考える力，言いかえれば，人生への基本的姿勢と人生選択の基礎能力を中・高校生時代に身につけさせてやりたいと考えるからである。

(3)　**地域で「ふれあい」，「育ちあい」を**
　a）**ボランティア活動をはじめ青少年の社会参加，地域への参加**
　利己的で，一人ひとりが孤立している，社会性が身についていない，といった今の子どもたちの成長のゆがみが指摘されているが，こうしたゆがみを克服していくためには，家族，仲間，学校という場から抜け出て，さまざ

な集団や組織にかかわっていくことが，つまり社会参加が必要である。青少年が共同生活や集団的な活動を通して，社会の一員として生きていく知恵や力を身につけていく。芋こじということばが青年教育のあり方としてよく使われてきた。芋と芋がお互いにこづきあいながら皮をむく，仲間同志のふれあいの中で一人ひとりが成長していく。人と人との豊かなかかわりあいのある生活体験をもつことが，子どもたちが人間らしく成長していく何よりの栄養分になるからである。子ども会，ボーイスカウトのジュニア・リーダー，祭や地域のさまざまな文化・スポーツ活動，あるいは手話通訳，点字の奉仕活動等に福祉のボランティア活動，そういった地域活動に子どもたちがもっと積極的に参加することによって，自分以外の人の喜びや痛みを共感できる感性や，みんなと力を合わせて何かをなしとげていく協同，協調性や自治的な能力を身につけることができる，そういう環境条件づくりをしていくべきではないか，と思う。社会の側からは社会参加した子どもたちを社会的に評価したい。入試制度の改革もその一つと言えよう。

　ドイツでは若い屈強な青年たちが，老人の介護に一生懸命従事している。良心的兵役拒否といわれているものであるが，青年が軍隊に予備役兵として入隊する代わりに，障害者や老人の施設で1年半から2年間ボランティアとして働けば，徴兵を免除されるという制度がある。老人や障害者のために働いた経験から，彼らは弱い立場の人たちとともに生きることの意味を学びとって，社会に巣立っていくのだと思う。徴兵制度は決して歓迎できないが，日本の子ども・青年も，社会生活の実体験を通して学べるチャンスがもっと与えられてよいのではないか。

b）子は親（大人）の背をみて育つ

　地域の教育力ということばが青少年健全育成の取り組みの中でしばしばいわれてきた。地域の教育力の低下が子どもの健やかな成長を阻害してきたという。地域の教育力というものは，不良図書自販機の撤去，夜遊びができない町づくり，非行・問題行動のチェック体制，監視監督体制の整備，あるい

は児童館や児童公園の整備，家庭と学校と地域の連携の強化もさることながら，つきつめていえば，私たち，親や大人が地域の生活者として，主人公としてより充実したくらしを築いていくためにお互いに手をとりあって成長している，こういう親の，大人の背を（生き方を）子どもたちに見せてやることこそ，地域の教育力の中味ではないか。

　ひるがえって考えるならば，ＰＴＡこそ，まさに父母と先生方が，協力，連帯して，子どもの生活や教育のあり方を学び合い，よりよい教育のための環境づくりに取り組み，そしてそうした取り組みを通してお互いに地域の主人公として成長していく，このような目的をもって生まれた団体である。余り負担感を伴わない形で，ぜひ地域の幅広い人びとの参加，とくに父親の積極的な地域参加を大いに期待したいと思う。

ｃ）地域に「ふれあい」「育ちあい」の広場を

　名古屋のような都市では中学生たちがコンビニエンス・ストアくらいしか立ち寄る適当な場がない。高校生がカラオケ・ボックスでしか解放感があじわえない，ということでは，何とも悲しい話だと思う。愛知県大府市の公民館では，中学生がもっと学校から帰る道すがら，立ち寄れるような公民館にできないだろうか，ということを配慮し，卓球やバトミントンができようにしたり，マンガや中学生むきの図書を備え付けたり，親子で学ぶ料理講座などを開いたりしてきた。名古屋市熱田社会教育センターでは，講座やグループ活動への高校生の参加を働きかけたり，センターの文化祭その他のイベントへの高校生の参加を促してきた。いま，中学生や高校生が世代をこえて日常的に出会いとふれあいができる地域での居場所「たまり場」がぜひ欲しい。お互いに育ちあっていくための空間が欲しい。さらには，市民ぐるみの学習・文化活動の交流ができる生涯学習の拠点施設が欲しい，と痛切に思う。

　公民館，コミュニティ・センター，図書館，文化センターといった施設が，三世代交流の学びあいと育ちあいのセンターとして役割を発揮する必要が，学校５日制ともかかわって，ますます大きくなってきたと言えよう。さらに

学校開放も，従来の物的な施設の開放に加えて，ぜひ人的な面でも地域に開放，還元していくことがどうしても必要になってきたと思う。さらに子どもたちの社会参加を実現していくうえで，学社連携が，ただのことばだけで終わってはいけない時代を今私たちは迎えているのではないだろうか。

　以上を総括していえば，地域の活動に子ども・青年も参加し，いまくずれつつある地域を活性化する取り組みの中で，お互いに子どもたちも私たち大人もともに成長し合う輪をぜひ広げていきたい。

　最後にまとめにかえて，ぜひ父母・先生方にお読み下さることを，おすすめしたい3冊の本をご紹介したい。中学生のお子さんをおもちのお父さん，お母さん方に，ミハエル・エンデ『モモ』(岩波書店)を，高校生のお子さんをおもちのお父さん，お母さん方には，吉野源三郎『君たちはどう生きるか』(岩波書店)をおすすめしたいと思う。主人公コペル君がおじさんにみちびかれながら，人生について，人間の生き方についてどう考えを真摯に深めていくか，ご一緒に読んでいただいてはどうであろうか。最後に，お父さん，お母さん，そして先生方にもぜひおすすめしたい本がある。宮田光雄『若き教師たちへ－希望としての教育－』(岩波ブックレット)である。宮田先生は，東北大学名誉教授先生で，40年間も，自宅を開放して学生たちと一緒に聖書をよんだり，読書会をされてきた。大変すぐれた学者であるだけでなく，誠実な教師としてもすぐれた仕事をされた先生である。この本の中で，宮田先生は，こうおっしゃっている。教育は「子どもたちの人格にたいする畏敬の思いと未来へ育つ彼らの可能性にたいする信頼なしにはありえない。」このことばをそのままこの小論のしめくくりとさせていただきたいと思う。

附記

　本稿は，名古屋市青少年問題協議会専門委員会(筆者も委員の一人)での議論と提言(『見つめよう，固めよう，そして翔け・Na・Go・Yaの青少年──名古屋市の青少年施策の長

期的展望について——』1988年2月,『青少年の社会参加促進施策について——中間のまとめ——』1989年2月）を参考にさせていただいた。

3 青年集団と教育

(1) 青年集団と青年のアイデンティティの確立

　現代社会においては，青年期は,「シュトルム・ウント・ドランク（疾風怒涛）の時代」（G・スタンレー・ホール）である。より具体的に言えば，それは，人間の生涯における最もはげしい諸変化を経験する，それゆえに，大きな危機と可能性をも内包する人生における最大の過渡期であると言えよう[1]。

　したがって，青年は，そうした危機を克服し，可能性を実現するために,「自己のアイデンティティの発達と結晶化のための枠組，自己の自律性を獲得するための枠組，そして大人の世界への効果的な推移のための枠組を求め」て,「もはやアイデンティティと社会的成熟とを充分に発達させる力を持ちえなくなった」[2]家族その他の準拠集団から離脱し，青年集団の形成をめざす。青年期において，青年集団が固有の存在理由を有するゆえんである。

　しかし，経済・社会がきわめて高度に発達した現代社会にあっては，青年が自己のアイデンティティを確立し，自立的・主体的な生き方を築いていくうえで，さまざまの困難な問題が横たわっており，必然的に青年期の延長（モラトリアム）を余儀なくさせ，さらにこうした状況がヤング・アダルトという新しい人生の段階をも創出しつつあると言えよう。

　ともあれ，青年が自らの集団を形成し，さまざまな集団活動をとおして,「アイデンティティの発達」と「自己の自律性」の確保を模索することは，それ自身まさに無意図的ではあれ，人間形成の営みであり，より確かな自他認識（主体的，自立的な自己認識と社会認識）を獲得する自己教育の営みに他ならない。青年集団が青年の人間形成ないしは自己教育を考えるうえで不可欠のものであることの理由はそこにある。

それでは，青年集団にはどういう形態や種類が存在するのであろうか。まず第1に，地域社会に存在する青年集団である。地域青年団・青年会（以下，青年会をふくめ一括して青年団とする）をはじめ，地域社会における近隣の仲間で構成される各種サークル・クラブ等の諸集団がそれである。第2に，職場の青年集団である。工場や事務所で働く青年たちが中心に組織されたもの，企業の肝入りで結成されたものを問わず，職場には同好のサークル・クラブが少なからず存在する。第3に，高校・大学等における在学青年の集団である。生徒会・学生自治会をはじめ各種のサークル・クラブ活動が存在することはあらためて述べるまでもない。ちなみに，総理府青少年対策本部『青少年の連帯感などに関する調査』(1976年)によると，現代青年の集団活動(団体，サークル・クラブ等) への加入状況は，青年期後半の在学青年が男女ともに約5割，勤労青年では男子が3割強，女子が約2割であり，その活動内容は，スポーツ・レクリエーションが過半数でもっとも多く，以下，文化・芸術・趣味，仲間づくり・親睦，教養，社会奉仕等がつづいている。

　本節では，青年期後期を中心とする青年の地域社会，職場および学園（大学）における自主的・自立的青年集団に注目し，それらの集団形成の歴史的経緯や今日の問題状況，さらに当面の諸課題について考えてみたい。

(2) **地域社会における青年集団と教育**

　地域社会には，地域青年団をはじめ，農協青年部，趣味・スポーツ・レクリエーション・ボランティア集団から政治・宗教団体青年部に至るまで，多種にわたる青年集団が存在する。ここでは，組織規模，活動内容等において代表的な地域青年集団と考えられる青年団を取り上げてみよう。

　地域青年団は，今世紀初頭，旧来の農村共同体に固有の青年集団である若衆組・若連中を組織・再編する形で，半封建寄生地主制を基礎とする天皇制絶対主義支配秩序のもとで農村下層青年(山本滝之助のいわゆる「田舎青年」)を対象に組織化されたものである。そこでは，長野県下伊那の青年団自主化

運動にみられるように、青年たちの自主的学習活動が展開される可能性が追求されたが、総じてかれらに報徳思想を注入し、勤倹実直な公（皇）民づくりを行う「修養機関」としての役割が担わされ、1930年代をとおしてファシズムが進行し体制化するなかで、いっそう強力な国家翼賛団体にのみこまれた。

第二次大戦後、地域青年団は再生し、ほうはいと簇生(そうせい)した。戦争からの解放感のなかで「やくざ踊り」「むら芝居」に興じた青年団も、団体（活動）民主化の理論と技術（グループ・ワーク）の普及・浸透を力点とする占領下社会教育のもとで、単位青年団の自主性や討論・話し合いやグループ制を重視する団活動の民主化・近代化が図られた[3]。1950年代から60年をピークに地域青年団活動は隆盛する。とりわけ青年学級振興法の制定に反対する日本青年団協議会（日青協、51年結成）が提起した「共同学習」運動は全国に波及し、地域の身近な政治・生産・生活問題についての「話し合い」と「生活記録」によるリアルな学習活動は、日常の青年団活動のなかに広くそして深く定着し、こうした学習活動をとおして地域生活に残存するさまざまな前近代的桎梏(しっこく)からの青年たちの解放をより確かにしただけでなく、反戦・平和、民主主義の諸活動に取り組む地域青年運動をも創出させた[4]。

60年代の高度経済成長下、地域社会はドラスティックな変化をみせた。重化学工業中心の工業開発政策と自立経営農家を残し、小・零細農家を切り捨てる農業政策は、農村への工場侵出→大量の農民の離農、とくに農村青年の賃労働者化をもたらし、さらに農村から都市への大規模な人口移動→人口の過疎過密化→地域共同体の崩壊という一連の顕著な社会変動を引き起した。こうして、折からの高校・大学進学率の上昇という要因も加わり、在村青年は激減し、地域青年団は急速に衰退した。ちなみに61年に115万人を数えた青年団員は、71年に62万人、79年には38万人と一貫して減少しており、地域在住の青年をも青年団が組織できなくなっていったことを端的に物語っている[5]。地域在住の青年の減少、進学率の上昇といった要因のほかに、高度経済

成長のなかで拡大したマイホーム中心の個人主義的生活観が青年たちの生き方を地域から遠ざけ，さらに職場の劣悪な労働・生活環境が彼らの地域社会での集団活動を阻害しつづけていることも地域青年団衰退の要因として見逃すことができないであろう。

　しかし，地域社会に根づくことなく青年たちの地域社会の担い手としての自己形成や自己実現は達成できない。80年代の今日，むろん支配的な傾向ではないが，地域社会から隔絶され，孤立した状況からぬけでて，地域文化・地域生活づくりに主体的に参加し，自立と仲間との連帯をめざす青年集団が萌芽しつつあるといえそうである。勤労青年が地域活動に参加しうる環境・条件づくりとともに，青年たちの集団形成と集団活動の成長・発展のための諸条件を側面から援助する社会教育のあり方が，今痛切に求められている。

(3) 職場の青年団体と教育

　職場の勤労青年にとって，自主的な職場サークル活動はきびしい労働から解放され，趣味・スポーツ・学習活動をとおして新しい意欲や活力を回復し，仲間とのふれあいのなかで自己成長する格好の場である。

　戦前においては，1920年代から30年代初頭にかけて，プロレタリア文化運動の流れをくむ職場サークルが各所に生まれたが，その政治的主導性と閉鎖性のために，そして官憲の弾圧のもとで十分な発展をみることなく衰微した[6]。また一般的に，取締り的な労務管理に加えて，長時間労働と低賃金といった劣悪な労働条件の職場生活にあっては，自由で自主的な集団活動が許されようはずもなかった。

　戦後，50年代から60年代初頭にかけて職場サークルはこれまでになく活発に発展する。うたごえ運動と生活記録運動がそれである。これらのサークル運動は地域や職場に広く浸透したが，とりわけ職場においては，労働組合（全繊同盟など）の教育宣伝活動の一環に位置づけたこともあり，急速に発展した。1951年，三重県四日市の東亜紡績・泊工場に働く若い女子労働者たちの

作ったサークルは職場の生活記録運動の先駆となったものである。「山びこ学校」に共感し，それを感激して読んだ彼女たちは自分たちのサークルを「労文山びこ学校」と名づけ，農村の家や母のこと，職場の労働や生活，仲間のことを綴りあい，仲間のなかにさらけあうことによって，現実の生活を貫ぬく社会のしくみや法則性への認識を深めていった。文集『私の家』から『私のお母さん』へ，『私のお母さん』から『母の歴史』へ，『母の歴史』から『あたらしい愛情』に至る道すじは，彼女たちの「自分とその周囲を見る眼が，書きながら考えることを通してだんだんと深まっていく過程。個人の問題がだんだん集団の問題として考えられてくるようになる成長[7]」の過程であり，「農村出身の紡績労働者が，農村解放の担い手としての，自分たちの歴史的な役割を自覚していく，意識と実践のめざましい発展の経路」[8]であった。次の生活記録は文集『母の歴史』からの引用である。

「サークルへ入ってから私の生活は一変した。すべてが新しく，何もかもが張り合いが生まれた。

『私の家』の文集ができて，家へ送ってやると，お母さんから感激の便りがきた。お母さんが感激したのはほんとのことをそのまま書いてある文章に感激しただけでなく，工場でつまらない生活を送っていると思っていた娘が，文集を作っているということの方により大きな喜びを感じたのだろう。

（中略）

自分の子供だけは，という考え方……私はそのお母さんを家へ帰るたびにだんだん強く感じる。お母さんたちが若い頃には，きっといい母になり姑になりたいと思ったことであろう。それがいつのまにか年をとりお祖母さんになっていくうちに，いじの悪い姑さんになっているのである。自分の家の中だけにとじこもっているために，家族以外の人間を理解できず，それに考えることがないためにうわさ話や悪口をいうようになるのだろう。

私たちのように外へ出て働きながら，部屋で団体生活をし，又，サークルでは，仲間意識を育てるために自分の感情より先に，みんなの気持を考えるように

努力していることは将来，きっとよい結果が得られると思う。お母さんたちの時代にはなかった新しいことなのだ。もう二度と，お母さんとお父さんのような不幸な結婚をくり返さないように，親に左右されない意見をもった人間になりたいと思う。そのためにも，お茶やお花を習う時間をさいて，サークルや自治会の仕事をしているのだ[9]。」

この東亜紡績・泊工場に端を発した生活記録運動は，主として繊維工場の女子労働者のあいだにひろがったが，やや生活経験学習に傾き，科学的な系統学習と見通しをもった指導性が希薄であったために，労働組合の分裂・右傾化のなかで，ほぼ60年を転換点としてそれ以降衰退の方向を辿った。しかし，地域青年の共同学習とともに，生活記録学習の可能性が根絶されたわけでなく，現代の青年の学習活動に即してそれらをどう再生させるか，当面の課題の一つと言えよう。

現在，職場では企業主導の多種多様のサークルが存在するが，勤労青年の自主的サークル活動は停滞していると言わざるをえない。その要因は，地域青年団不振のそれと重なる部分が少なくないが，第1に，ともすれば閉鎖的になりがちな青年の個人主義的生活観が，自主的・自治的な集団活動への参加を消極的にさせていること，第2に，十分な余暇を保障しえない職場の労働条件，さらに第3に，近年の有力な職場・労務管理の一つの手段として，いわば先どり的に企業サイドでサークルを組織し，そうした官制サークルへの参加が奨励され，あるいはなかば強要されていることも自主的サークル低調の背景にある事実として見逃すことはできない。生産性向上という企業論理で労務・品質・目標管理の一環として推進されるサークル活動（趣味・スポーツ・教養サークルであれ，ＱＣサークルであれ）は，むろん青年たちの発達と自立の可能性の実現に導くものではありえない。職場サークルにとって勤労青年たちの自立性・主体性はまさに生命である。それなくしては彼らの自己成長・自己教育の契機を失うからに他ならない。

多くの勤労青年は，学習・文化・スポーツその他さまざまな要求をもって

いる。知識や技術の習得への要求だけではない。さまざまな自主的活動をとおして，仲間を知り，仲間とのふれあいのなかで自己を発見し，自らのアイデンティティ確立の可能性を実現していきたいというすぐれて人間的要求である。こうした要求の組織化のために自主的集団づくりは不可欠の要件である。しかし，これまでの社会教育行政や公民館活動は，そうした勤労青年のサークル活動を中心とする自己教育活動に対して，ほとんど無策であったといわなければならない。勤労青年の自己教育要求に公的社会教育がどうこたえ，適切な援助を提供し得るか，今後追求されなければならない実践的な課題の一つと言えよう。

(4) **在学青年の集団と教育**

　大学における主要な青年集団は，学生の自治集団である自治会をはじめ，各種のサークル・クラブである。以下では，在学青年の代表的集団である学生自治会に焦点をあててみたい。学生自治会は，当然のことながら，学生運動の組織的拠点であり，学生の自治活動や運動の内容や方向を規定する基本的な学生集団である。

　学生自治会の歴史は決して新しくない。大学の自治・学問の自由への国家主義的抑圧（京大・滝川事件など）に抵抗するなど，大学の民主化ひいては近代日本における民主主義の発展に与えた影響は看過できない。とりわけ，戦後日本社会の民主化に学生の自治活動や学生運動が果たした役割は大きいといえる。安保闘争を頂点として，反戦・平和，独立および民主主義をめざす大衆運動の一角を担うものとして，学生の政治学習の広場として学生自治会とそれと関連するサークル活動が果した役割がそれである。

　60年代をとおして大学進学率は飛躍的に上昇し，60年代になると，大学はもはやかつての一部エリートの養成機関ではなく，文字どおり大学の大衆化が明確になった。ときあたかも大学紛争・学生反乱の嵐が吹きまくった。とりわけノンセクト・ラディカルズの全共闘運動が拡大し，学生自治会の分裂，

抗争が激しく展開された。全共闘集団の提起した要求は，大学構成員の自己否定と大学の解体・自主管理であった。さらにさまざまな大学改革の要求が出され，70年代はじめには多くの大学で各種の改革が構想され，着手された。

80年代の今日，一部の少数の学生のなかにではあるが，ステューデント・アパシーという勉学生活への意欲喪失症状が漸増しつつあり，さらに学生自治会やサークル活動におけるかつての情熱や活発さがややかげをひそめつつあるという憂慮すべき状況が進行している。総じて，青年たちの自立的・自治的な集団形成能力の未成熟・未発達が，集団的活動への主体的参加をよりいっそう不活発にさせることによって，自らのアイデンティティの発達が阻害され，かくて人生の目標や生活設計をも不明瞭のままにし，大学生活での目的意識や勉学意欲を希薄にし，モラトリアムのいっそうの長期化をもたらしているといえないであろうか。あらためて強調するまでもなく，自主的集団形成は青年の人格と諸能力の発達にとって不可欠の営為である。諸科学の教授活動とともに右の点を十全に保障し得る大学教育のあり方が追求されなければならないであろう。

(5) まとめにかえて

以上，地域社会，職場および大学における青年集団についてそれぞれ典型的な集団を取り上げて，それらの展開の経緯と今日的な問題状況について概観した。繰り返し述べたように，アイデンティティの確立は青年期固有の課題である。そのためには青年集団の形成は不可欠である。青年集団の成立・発展の長い歴史的経緯は，青年の主体形成にとって集団活動がいかに必要であるかを立証している。しかし，現状をみると困難な問題も少なくない。そうした困難な状況を克服し，自主的青年集団のより円滑な形成を可能にするためには，学校教育において子どもたちを選別・管理主義的教育から解放し，自治活動を中心とする生活指導のいっそうの充実を図るなど，とくに中学・高校段階における集団づくりによる自治的諸能力の形成が，より意図的・自

第6章　子ども・青年の社会参加と自己成長

覚的に指導されることが必要であり，また社会教育においても，職場であれ，地域社会であれ，青年たちがさまざまな要求を結びつけ，自立的な集団形成を行っていくうえで，的確な援助を提供するなど，青年たちの主体性を尊重する教育的配慮がいっそう必要と考えられる。

注

(1) 青井和夫「青年と集団形成」，濱島朗著『現代青年論』1973年，有斐閣，208頁。
(2) E・H・エリクソン編　栗原彬監訳，『脱工業社会の青年たち——自我の冒険』1973年，金沢文庫，43頁。
(3) 志知正義著『戦後岐阜県青少年教育史』1980年，教育出版社。山田順一，新海英行「東海地域における被占領期社会教育の特質」津高正文編『地域社会教育史の研究』1981年，東洋館出版。
(4) 日本青年団協議会編『日本青年団協議会二十年史』1971年，日本青年館。
(5) 泉信三編『青年の選択と現代』1982年，大月書店，215頁。
(6) 竹内真一著「職場のサークル活動」，宮原誠一編『青年の学習』1960年，国土社，216－220頁。
(7) 木下順二・鶴見和子編『母の歴史』1954年，河出書房，162頁。
(8) 同右，188頁。
(9) 同右，91－93頁。

参考文献

・宮原誠一編『青年の学習』1960年，国土社
・同著『青年期の教育』1966年，岩波書店
・笠原嘉著『青年期』1977年，中央公論社

第7章　地域生活と子ども・青年の育ちあい

1　地域における子育て・教育と行政の役割

(1) 家庭の教育機能向上に対する支援
(a) 家庭教育への支援
○家庭でのしつけは子育ての土台

　人間ほど脆弱な存在としてこの世に生を受ける生き物はない。そして一人前に育つのに多くの時間と労力，そして何よりも育つための文化的な環境を必要としている生き物は他にない。人間らしく育ち，また，育てられる最初の生活の場であり，かけがえのない発達環境はいうまでもなく家庭である。子どもが家庭での手伝い，労働や共同生活を通して自然に学びとり，また親から教えられるものはたくさんある。基本的な生活習慣だけでなく，社会生活を営む上で不可欠なモラルや規範意識は幼いころから家庭での親によるしつけを通して初めて身につくものといえる。人間社会で生きていく上で不可欠の価値観や行動様式の基本を子どもたちに教えるのは家庭の責任である。家庭教育こそ子育ての土台である。

　しかし，現代社会の急激な変化と科学技術の発展の中で，核家族化，少子化，そして家事（家庭役割）の減少と外部（社会）化がますます顕著になっている。また，親も子どもも多忙化し，家族そろっての一家団らんや親子の親密な語らいなどはとても望めそうもないものになった。受験競争がこうし

た現象に拍車をかけていることも事実である。このような家庭での役割や人間的かかわりが貧しくなったことは，明らかに家庭の子育て機能の著しい後退をもたらしている。さらに，親の子育て放棄や子どもへの虐待など，親の教育力の喪失状況もきわめて由々しい事態といわなければならない。

○広報，啓発，研修の一層の充実

　家庭での子育てはそれぞれの家庭の教育観にもとづく自主的な営みであることはいうまでもない。むろん，本来行政が介入・関与すべき問題ではない。それはあくまでも側面的な支援にとどまるべきである。そこでは子育てについての親の責任，家庭の役割の大きさがくり返し強調される必要があろう。

　具体的には，まずは，これまで実施されてきた家庭教育についての啓発事業の一層の促進である。県においては，家庭教育マニュアルの刊行，各種のマスメディアによる広報，家庭教育推進事業等の指導者講習等による研修機会など，全県的な支援事業の拡充が望まれる。

　また，市町村にあっては公民館における子育て・教育講座，家庭教育セミナー，地域におけるコミュニティ活動やボランティア活動と連携した家庭教育推進事業，家庭教育相談員による相談や助言活動，児童相談所や少年センターによる相談事業などが一層促進される必要があるものと考えられる。

(b) **家庭を越えた地域ぐるみの子育て支援**

○放課後児童健全育成事業の拡充

　家庭の垣根を超えて地域ぐるみの子育ての重要性はますます増大している。振り返れば，地域における子育て活動の広がりに，「昼間保護者のいない家庭の小学校低学年児童に対する健全育成事業」（いわゆる学童保育）が果たしてきた功績はきわめて大きなものであったといえるだろう。近年では1年に500ヵ所を超える同事業の実施場所が新設されているが，今なおニーズに追いつくことができない状況にある。さらに公立公営の施設も増えてきたが，父母の共同運営による学童保育も少なくない。

　こうした現状にかんがみ，1998年度から上記事業は，「放課後児童健全育成

事業（放課後児童クラブ）」という名称で児童福祉法に基づく社会福祉事業に位置づけられる事業となった。そこでは放課後児童クラブを，「小学校に就学しているおおむね十歳未満の児童であって，その保護者が労働等により昼間家庭にいないもの」を対象とした「適切な遊び及び生活の場を与えて，その健全な育成を図る」事業と規定し，市町村に事業の促進を図ることを義務づけている。今回の法改正をきっかけに，放課後児童クラブに関する市町村の行政施策の充実が望まれる。そのためにも，市町村にあっては，今後，施設・設備，指導員の処遇，活動内容などの実態と問題点を把握し，その上で制度や財政面の工夫・改善が必要と考えられる。

○地域ぐるみの子育て支援の拠点

　もとより，異年齢の子どもたちが，遊びや学習や生活を共有しつつ一人一人が育ち合うところに，放課後児童クラブの教育的意義が見い出せるが，ときには放課後児童クラブの子どもたちと地域の子どもたちの交流の場（学童まつり，バザー，クリスマス）として，言いかえれば，地域の子育て活動の実質的な拠点施設（活動）としての役割を果たしている。さらに，共同運営に参加する父母やボランティアの成長も見逃せない。このように子どもと親（大人）が共に育ち合える放課後児童クラブを作り出していく必要がある。そのための行政の一層のサポートが期待される。

(2) 地域と子育て・教育

(a) 子どもの居場所づくり

○育ちにくい子ども集団・人間関係

　このごろの子どもたちには3つの「間」が不足しているといわれる。「3つの間」とは，「仲間」と「時間」と「空間」である。こころの通じ合える仲間がいない。まるで会社人間のように忙しくて時間がない。そして地域には友達同士でくつろげる居場所（空間）もない。つまり，彼らの多くが仲間と共に自由に遊んだり，活動したり，共に生活を過ごす環境や条件がますます失

われているのである。

　ファミコン，テレビゲーム，マンガなど一方通行の商業メディアのやや異常ともいえる繁栄のなかで，室内で子どもが一人で過ごすのがごく普通のこととなってしまい，子どもらしい仲間集団や人間関係が育ちにくくなっている。受験競争がこれに拍車をかけていることは改めて強調するまでもない。いじめ，不登校といった子どもたちの問題行動が目立ち，青少年非行が急増しているのも，彼らをとりまく生活のあり方と無関係とはいえない。

○公民館等で居場所づくり

　子ども同士のつながりがバラバラで分断された状況の中で，人（他者）への思いやりや共感性，そしてまた，自律的な精神や自治的な能力が育つことは大変困難であり，こころとからだと学力の全面にわたって子どもたちが健やかに成長することが難しくなっているといわざるを得ない。それだけに子どもたちが人間らしい感性と能力を育めるような生活環境づくりを急がなければならない。

　コンビニエンスストアのジュース自動販売機の前しか子どもたちの集える場がないというのもさみしい限りであるが，近年，中学生や高校生が気軽に立ち寄り，マンガや雑誌を読んだり，ビデオを見たり，自由におしゃべりができる，そういう公民館やコミュニティセンターが少しずつ目立ち始めている。児童館，児童センターはむろんのこと，公民館やコミュニティセンターでも子どもたちの心をつなぎ留められる活動づくりをして欲しいし，彼らを受け入れられる場づくりに取り組むことを望みたい。地域における子どもたちの居場所づくりへの配慮も大人の責任といわなければならない。

　(b)　**子どもを主役に**

○失敗・挫折，経験に学ぶ

　子ども会をはじめ各種の青少年団体では，失敗や危険を恐れて活動に際して企画から運営まで大人がすべてを取り仕切ってしまうことも珍しくない。大人側の役員としては任期中無事活動をこなし，事故もなく責任を終えるに

は大人が前面に出てやってしまうのがベストだと考えているからである。これが子どもたちの参加意欲をなくさせている理由の一つといえる。計画通り首尾よくいかないかもしれないし，時間や労力がもっと必要になるかもしれないが，かじ取りの大部分を子どもたちに委ねたらどうだろうか。そしてむしろ彼らに失敗や挫折の体験から多くのことを学ばさせてやってはどうだろうか。

○大人は黒子に

　そのためには，子どもたちが文字通り主役となって活動を担っていけるように大人側の役員やボランティアリーダーはぜひ「黒子」(側面的なサポーター) に徹したいものである。さらに，芸能・文化，コミュニティ，ボランティアなど各種の活動にも子どもたちが企画や運営に参加し，彼らの存在と役割発揮を自他共に認め合うことができるように大いに工夫する必要がある。こうした主体的な参加体験を通してはじめて子どもたちの中に自律性や責任感，他者と協力し，協働できる自治的な能力が培われるにちがいない。

　(c)　**大人の生き方に学ぶ**

○社会人やお年寄りから学ぶ

　いま，子どもたちの「生きる力」を育む学校教育のあり方が熱心に追求されている。愛知県下の小・中学校でも，「ゆとり」の時間に経験豊かな社会人やお年寄りから地域の歴史的な出来事や昔話などを聞く学校が増えている。さらに，勤労体験学習や国語（表現）の授業やボランティア活動などを活用して，社会の一線で活躍中の方々と出会い，実際に仕事を手伝い，働くことの感動を実感する。この体験をレポートに書いてクラスで発表し，文集にまとめる。こんな生き方体験学習に取り組んでいる高校もある。

　学校だけでなく，地域でも子どもたち同士で，さらに世代を超えて出会いとふれ合いを体験させたいものである。とくに，お年寄りが持っている豊かな人生経験，経験からつかんだ知恵に学びたいものである。名古屋市のある生涯学習センターでは中・高校生や青年会の若者とお年寄りとの交流会を地

域づくり活動の一つとして取り組んでいる。そこでは子どもたちや若者たちはまちの歴史や伝統芸能，戦前・戦中の地域の様子などを存分に学んでいる。お年寄りにもそれが生きがいになっているという。大府市のある地区の公民館では子どもたちが高齢者の自宅や施設を訪問し，話を聞いたり，介護のお手伝いをしたことを書きつづり，「であい・ふれあい・支えあい」という冊子にまとめている。いずれにしても先達の生き方から体験的に，しかも自主的に学び取らせる取り組みはもっと広められてよい。

○大人の背を見て育つ

　こうした地域での世代や立場を超えた出会いやふれ合いこそ，子どもたちを人間らしく育む源泉となるであろう。有害図書類等の自動販売機の徹去，非行・問題行動をなくすためのパトロール，家庭と学校と地域の連携の強化，どれもが青少年の健全育成にとって大切な取り組みではある。しかし，何よりも親や大人たちが地域の生活者として，主人公としてより充実した暮らしづくりを目ざして共に働き，そして成長している。こういう大人たちの生き方を見せてやることこそが，子どもたちにとって最高の教育力となるに違いない。

　学校週5日制完全実施も目前に迫っている。それだけに子どもたちが大人たちの輝いた背中を見ながらともに育ち合える，そして高齢化時代にも対応しうる支え合いの地域づくりを進めていきたいものである。そのためにもさまざまな子ども組織や学校とも連携しながら，そしてより積極的な学校開放を進めながら，子どもたちも日常的な活動やイベントの企画や運営に主体的に参加できる地域活動を目ざしたい。

　　(d)　**電子メディアによる新たなコミュニティづくり**
○変わりつつある地域社会のイメージ

　これまで私たちは地域社会というものを学校区か行政区という広がりを持つ，いわば住民が生活課題を共有できる「生活圏」ととらえていた。そこには学校があり，役所があり，会社があり，商店や住宅が立ち並び，昔からの

祭りや伝統文化が残っていたり，住民ぐるみの運動会や盆踊りが町内会・自治会の主催で開催される。直接的ないし間接的な何らかの支え合いの暮らしが営まれている。地域社会というイメージはおおよそこういうものであった。しかし，近年の高度情報化の動きは，従来の地域社会像の転換を求めている。
○広がるニューメディアによる交流
　コンピュータ社会の到来は従来の地域社会のとらえ方やそこでの人と人のかかわり方を大きく変えつつあるといえよう。それはパソコン通信やインターネットなどの普及で学校，職場，地域社会という既存の生活の場を超えた電子メディア空間でのコミュニケーションや相互交流が急速に増大しているからに他ならない。そうした交流により地域的に隔絶された人同士がリアルタイムで情報を共有し，また即座に意見交換し，交流の中で心が満たされ仲間意識さえ持つことも可能になるのである。コンピュータでネットワークされた人々の輪，これも一つの新しいコミュニティであり，その住人は若い世代が少なくない。ただマスメディアとくにニューメディアを通して容易に有害情報が青少年に届くなど，そのマイナス面も否定できない。こうした問題に対しては一定の社会的規制も必要であるが，基本的には自分たちの意思や力で克服していくことが望まれる。21世紀という新しい時代にあって，この新しいコミュニティの中で，彼らがより高度な情報社会の主役として，いかに成長していくか，ぜひその可能性に期待したいものである。

(3)　地域における各種活動の振興
(a)　**地域子育て支援プランづくり**
○地方版エンゼルプランづくり
　周知のように，「今後の子育ての支援のための施策の基本方向について」(「エンゼルプラン」1994年12月　文部・厚生・労働・建設の4省合意)に基づいて，ここ数年の間にどこの市町村でも「児童育成計画」，つまり地方版エンゼルプランがつくられてきた。エンゼルプランは，そもそもは出生率の低

下に対する少子化対策として，また子育てはもっぱら家庭という考え方ではなく，社会全体で子育て支援が必要だという考え方により取り組まれてきた。

　各市町村でのいわゆる地方版エンゼルプランづくりは，地域ぐるみの子育て支援のネットワークづくりと活動内容の質的充実を図る上で画期的な契機となりうるものであることはいうまでもない。

○住民と職員の参加で推進

　今後プランの具体化や見直しに際して父母，住民だけでなく，保母，保健婦，指導員，教師，児童館職員，公民館職員など，地域での子育て・教育にかかわる住民や職員の主体的かつ積極的な参加が必要不可欠といえる。これまでややもすれば縦割行政の下で保育所と幼稚園，子ども会と在学青少年教育，子育てとまちづくり，保育と女性政策などのかかわりが分断されかねない不都合な実態が見受けられた。これからはエンゼルプランの推進により，保育と教育，療育と保育，そして子育てと男女共同参画のまちづくりなど，個々の関連する施策を相互に結びつけ，ネットワーク化し，文字通り地域ぐるみの子育て支援体制を着実に築いていくことが，期待されている。

(b)　児童館を地域子育て活動の拠点に

○有力な居場所としての児童館

　家庭の教育力の限界を克服するためにも地域ぐるみの子育ては必須要件の一つである。放課後児童クラブ施設もその一つであるが，子どもたちが異年令の仲間集団の中で育ち合い，まさに地域で仲間とのかかわりの中で自分を発見できる「居場所」(「たまり場」)として，児童館がもっと大きな役割を発揮することが望まれる。

○地域子育て支援施策の一つに

　子どもたちはもちろん，子どもたち同士の自主的な活動を通して旺盛に，しかも主体的に育っていくのであるが，そのためには子どもたちに場だけを与えてあとは放任しておけばよいということではない。遊びや活動への子どもたちのニーズを背後で組織し，活動を組み立てていく指導員の専門的な援

助が必要である。そうした指導の下に，そして青年や大人のボランティアの援助の下で初めて子どもたちは自主性，自律性，他者への共感性，みんなの立場に立って協同して事に取り組める自治的能力を身につけることができるよう。仲間の中で豊かな生活体験ができ，人間的な感性と資質を獲得できる児童館づくり（施設だけでなく活動内容も）を地域子育て支援の重要な施策の一つとして位置づける必要があろう。

　(c)　**地域活動への参加と交流の促進**
○主体的参加のための啓発・奨励

　地域は，子どもたちを健やかに育む土壌である。前述したように，彼らは地域におけるさまざまな活動に参加し，そこで何らかの役割を担うことによって，地域へのアイデンティティを自覚し，同世代だけでなく異世代との交流と共同の活動体験の中で自己成長するからである。

　祭りや伝統文化の伝承をはじめ地域の文化活動，市町村の各種スポーツ振興事業，福祉や環境美化などのボランティア活動，町内会・自治会やコミュニティ活動の地域・まちづくり活動，障害を持つ青少年や在日外国青少年との交流活動など，地域社会にはさまざまな活動が存在している。

　しかし，総じてこうした活動への青少年の参加状況は決して活発とはいえない。その多くが高齢者や女性によって担われているのが現実である。これからは青少年には地域活動の脇役ではなく，主役として主体的に参加し，さまざまな違いを超えて交流することが望まれる。

　そのために，各種の地域活動への青少年の主体的かつ積極的な参加と交流に向けて，自治体は啓発や奨励に努力することが期待される。ここでも県や市町村がそれぞれのレベルで住民に対して，また企業に対しても広報，研修及び情報提供などにより，青少年の地域活動への参加を啓発，奨励することが必要である。

(4) **青少年育成体制の充実**
(a) **規範意識の内発的形成**
○善・悪を教えるのは大人の責任

　それでは地域において，青少年が健やかに育つための仕組みをどう築く必要があるのであろうか。一部の青少年の自己中心的で，多くの人々に迷惑を及ぼす反社会的な問題行動に対しては，これを拒否する毅然とした対応が必要であることはいうまでもない。善・悪のけじめを厳しく教えるのは，大人の責任だからである。それと同時に，これまでも述べたように，青少年育成の基本を青少年が地域に参加し，人と人とのかかわりあいの中で生きていることを実感し，そうした生活体験を通して，人間的に自律的に成長することの大切さに求めたいと考える。(とくに，地域での人と人とのかかわり合いには，青少年同士のかかわりはむろん，世代を超えたかかわりの中で，大人の背を見て育つ体験を含んでいる。)

○人間的成長のための筋道づくり

　地域での，親密で，心の通じあう人的かかわりの生活体験をベースに社会的なモラル・規範意識，自尊心や他者への共感性などを青少年自身が自ら内発的に作り出していける，また自分の欲望や衝動を抑えきれない自己中心性から脱却していく，そういう筋道づくりを重視する必要がある。こうした社会に開かれた人と人のかかわりあいの中で，人間的に成長する筋道と仕組みを創造するための青少年推進体制づくりをぜひ目ざしたい。

(b) **青少年育成組織の活性化**
○青少年自身が役員に

　地域(学区)及び市町村レベルの青少年育成組織こそ，地域においていつも青少年の健やかな成長を見守り，かつ支えている最前線の組織である。これらの組織がこれまで果たしてきた貴重な役割，そして積み上げてきた成果は決して少なくない。とはいえ，組織の中には活動が形骸化し，沈滞してしまっているものもしばしば見受けられる。活動内容が青少年のニーズをとら

え，もっと多くの青少年を巻きこみ，そしてひいては青少年育成組織そのものの活性化を導くためには，より多くの青少年リーダーや青少年関係団体関係者が役員に加わることが必要である。

むろん，家庭，学校，地域，警察などのヨコの緊密な連携の下で青少年非行・問題行動を未然に防がなければならないことは改めて強調するまでもない。と同時に，あくまでも青少年自身の声に耳を傾け，彼らの意見を十分に取り入れ，しかも青少年も一緒に参加して非行・問題行動防止のための地域環境づくりに取り組むことが必要ではないであろうか。そのような青少年育成組織の仕組みをつくり，具体的な実践を進めていく上でこれまで以上に行政による適切な援助が望まれる。

○青少年育成県民会議の更なる充実

今後市町村は，地域の青少年育成推進組織をさらに一層整備し，活性化に努めるとともに，県は，市町村と連携しつつ，青少年育成県民運動の推進母体である青少年育成県民会議の更なる充実をはかる必要がある。

(c) **各種審議会への青少年の登用**

○社会参加で現状克服

社会参加は，私たちに能力発見と新たな成長をもたらしてくれる。また社会的な人的関係に身を置くことにより，広い視野や社会的な認識を育ててくれる。その意味で青少年がまちづくりや行政計画づくり（地方自治体における政策決定のプロセス）に参加することは，きわめて重要と考えられる。例えば社会教育委員の会議や公民館運営審議会などは，かつては青年代表が活発な議論を展開する中心的存在であったが，昨今では残念ながらそういう情景はあまり見られなくなった。青少年のより積極的な社会参加を実現することによってこうした現状を克服していきたい。

○地域・自治体の主人公に

これからは既存の審議会だけでなく，まち・地域全体の将来を構想する政策決定やさまざまな行政領域の計画づくりに青少年代表が積極的に参加する

機会を広く設ける必要がある。このような政策・行政計画づくりに参加することによって青少年は社会的,政治的関心を深め,かつまた郷土への帰属意識や責任感を一層確かなものにするにちがいない。彼らが地域・自治体の主人公としての,そして21世紀の社会を主体的に切り拓いていく担い手としての自覚や能力を培っていくことができるように,特段の配慮をすべきである。この点では,ぜひ県も市町村も今後の重要課題の一つに位置づけることを提言する。

2 地域活動と総合的学習

(1) 求められる内発的地域活動

　地域は子どもを人間らしく心身ともに健やかに育む土壌であるし,老人や障害者が生きていてよかったと実感できるふれあいと支えあいの広場である。そして,大人たちにとっても,男性も女性も,むろん世代や立場を超えて,ともに持ち味を発揮し,協働する中で社会の主人公にふさわしい知恵や力を身につけていく生活空間であるべきである。地域は,すべての人々にとって,人間らしくともに成長,自立し,支えあって生きていくうえでかけがえのない存在でなければならない。

　ところで,激しい社会変化に押し流されないために,そして人間らしい生き方をとり戻すには,どうしても心の通いあう人と人のつながりのある地域づくりをしていかなければならない。むろん,自然や物的な環境も大切なことはいうまでもないが,そこに住んでいる人と人とのかかわり,これこそ地域の一番大切な中心軸に他ならないからである。

　地域の再生をめざしてさまざまな地域活動やコミュニティづくりの取り組みが着手されてもう四半世紀が経過した。いうまでもなく住民こそが主人公の,内発的,主体的な地域づくりをめざす地域活動への期待はいますます大きくなっている。さらにこうした地域活動への子どもたちの参加を促進す

ることによって，子どもたちが大人たちから学び，自らの生活・活動体験から学べる機会をもち，これからの時代の地域の担い手を育てる機会を拡充していきたいものである。とくにこういう地域活動と学校教育が連携し，総合的学習の内容をより豊かなものにしていくことが期待される。

(2) **地域活動の現状と課題**

以上のような観点から，ここでは愛知県下各地のさまざまな地域活動を5つに類型化してそれらの具体例を紹介し，それらの特徴的傾向を明らかにしてみよう。

第1に，「ふるさと文化の伝承と創造」である。コマーシャルベースに乗った商業文化は多くの場合中央指向であり，生活者の手づくりの文化と対峙する。顔が見えない文化を受け身で受け取るのではなく，逆に生活者から発進し，地域から創造していく。あるいは，先人がこれまで切り拓いてきた文化を主体的に受けとめ，再創造していくことが大きな課題の一つと思われる。没個性的な，中央中心の文化ではなく，地域の個性的な文化づくりを進めていくことが，地域活動に今求められているといえよう。伝統文化を大切に保存し，継承しながら地域の文化に根ざした暮らし方を切り拓いていくことが，地域へのアイデンティティの自己形成を可能にしてくれるからである。具体的には以下の取り組みが注目される。

知多・つつじが丘は新旧住民が混住する地域である。正確にいえば新住民が多数派となって久しい。ここでは氏子ではない新住民も参加できる秋祭りが盛んである。厄年の住民を中心に「おとなみこし」をつくり，祭のシンボルとしている。祭りが地域を担う人材（後継者）発見・養成のチャンスとされているという。半田・岩滑では，童話作家・新美南吉のふるさととして南吉ゆかりのまちおこしをはじめ，山車祭り，神楽の保存など伝統文化を重視してきた。同地区では「郷土文化誌」ともいえる『やなべの歩み』を自ら編集，刊行し，住民の地域学習のテキストとしている。さらに豊田・崇化館で

は，伝統芸能特別講座「三河万歳とこままわし」を公民館で主催し，また常滑・大野でも龍神祭に参加するなど，地域に伝わる芸能文化の伝承に積極的に取り組んでいる。

第2に，「スポーツでふれあいと健康づくり」である。健康問題は今最大の国民的関心事である。経済企画庁「国民生活選好度調査」によると日本人の生活への関心事のトップは健康だという。2番目は生活費。3番目が家族。これもいわば3Kであるが，健康への関心や不安が最も大きい。健康不安の背景・要因には，いうまでもなく就業時間が長く，労働密度も高い，長時間過密労働という劣悪な労働環境・条件，さらに環境問題や食生活などさまざまの要因が複合しているといってよい。

こうした現況を反映し，地域活動の多くはスポーツや健康づくりを重視している。地域での親睦だけでなく，積極的な健康づくりをめざして各種のイベントや日常活動が行われている。例えば豊田・崇化館では自治区，子供会，ジュニアクラブ，ＰＴＡと協力して「スポーツ・フェスティバル'98－仲よくやろまい！遊ぼう！－」を開催し，子どもたちをまき込んだ地域スポーツ活動の輪づくりに取り組んでいる。大府・大府（けんこう部会）では「健康都市の礎に」を目標に，「コミュニティ運動会」をはじめ，ビーチボールバレー，グランドゴルフなど，各種の競技大会を実施している。また春日井・石尾台でも校区住民運動会，夏休み親子ラジオ体操会，ウォーキングなど，多彩な健康づくり活動に取り組んでいる。

スポーツ，健康づくりはほとんどの地区でまさにメイン・イベントの一つに位置づけられている。しかし，総じてそれらの活動は健康づくりとスポーツを媒介とした住民の親睦や世代間交流の手段とされており，地域の生活環境を問い直し，健康問題の抜本的な解決に迫りうる活動には到達しえていないといわざるをえない。この点は今後の課題の一つといえよう。

第3に，「三世代交流で高齢者の生きがいづくり」である。高齢社会を迎えた今，高齢者の生きがいだけでなく，地域での共生（ノーマライゼイション）

やケアの問題がますます大きな課題となりつつある。周知のように独り暮らし老人，寝たきり老人，痴呆性老人の数は次第に増加している。在宅・地域福祉の施策・サービスと地域での支えあい（コミュニティ・ケア）の具体化が地域づくりの中で期待されているのも当然といえよう。

　名古屋・平針南では「高齢化社会における福祉」を当面の地域課題として位置づけ，天白社会教育センターと連携し「福祉社会と地域コミュニティ」講座を開設し，福祉施策や地域福祉のあり方など，高齢化問題に対応し得る地域づくりのあり方を学習している。知多・つつじが丘では，コミュニティ福祉部会主催で，かつ社会福祉協議会の助成のもとで三世代交流事業（伝承芸能，ゲートボールなど）をはじめ，「独居老人との昼食会」，「今，老人は幸せか－寝たきり，一人暮らしの不安，地域での対応策の必要性についての学習会」，「手話講習会（ボランティア養成）」などを実施し，多くの成果を生みつつある。豊田・逢妻（あいづま）でも「福祉講演会－住民の手による地域づくり－」や「ふれあいまつり」を開催するなど，高齢者を支える地域づくりをめざした事業に公民館と一体となって取り組んでいる。

　知多・豊田にみるような学習，啓発，ふれあいなど高齢者を中心とする地域福祉や相互援助活動の基盤形成を目標とする活動は，どのような地域づくり・地域活動にとっても欠かせないものの一つとなっている。とはいえ地域福祉はボランタリーな取り組みに終始するものではない。高齢者を支えるボランティア活動の裾野が広がっていくのと同時に，公的な福祉サービスの充実が不可避的要件である。高齢者保健福祉計画を含む福祉施策の見直しと再構築を住民参加のもとで進めていくためにも，今後の地域活動やコミュニティ活動における高齢者問題の学習や実践の発展が望まれる。

　第4に，「環境を守り，資源リサイクル」である。暮らしやすい地域づくりをめざして，まち美化や生活・自然環境への関心は着実に高まりつつある。多くの地域活動の焦点はまさに環境問題である。とりわけゴミ問題は最も切実な地域生活課題としてコミュニティ活動の中に位置づけられているといっ

てよい。こうした環境への関心と環境づくりへの取り組みが住民の自治的な問題解決能力を着実に育くんでいるケースも少なくない。

　半田・岩滑はゴミ問題については県下の地域活動中，最も先進的なそれである。同地区では1957年にゴミステーションを設置し，共同管理方式により課題解決に取り組んできた。豊田・美里では，公民館との共催で自治区巡回研修「再考・ゴミ出しマナー」を実施し，ゴミステーションの現状の検討とゴミ出しマナーの見直しを行っている。春日井・石尾台でも，環境美化，リサイクルに大きなエネルギーを投入している。分別収集，ビン回収についてミニコミ紙による周知徹底を図るなど，充実した活動が広がっている。また知多・南粕谷では，地域環境パトロールを行い，環境問題への住民の関心や理解を深める努力をしている。蟹江・富江では，「水郷の里」の再生と蟹江らしい個性のあるまちづくりをめざして花壇づくり，花いっぱい運動など，地域の環境整備に専念している。

　ゴミ環境問題への対処はごく限られた一部の住民だけではとうてい実現できない。すべての住民の協力・協同なしに成果は期待できない。イベントではすまされない，日常的な努力の集積が不可欠な活動である。それだけに地域活動への住民参加の質が問われる活動内容といえよう。

　さて上述のような活動を通して，住民の環境や資源についてのエコロジカルな理解が次第に深められていることもさることながら，住民の協同・連帯感と自治的能力が育っている点が注目されよう。ゴミ問題に先駆的に取り組んだ岩滑のコミュニティ活動はそのことを如実に示している。

　第5に，国際交流を中心とする地域活動である。この10年のあいだ地域に暮らす外国人は急増しつつある。とくに愛知県は日系ブラジル人が全国的にも最も数多く在住する県である。戦前中に労働力として来日した（多くは強制的に連行された）韓国・朝鮮人，いわゆるオールドカマーに加えて，近年専ら就労のために来日しているニューカマーの人びとの日本社会とくに地域生活への適応と共生が大きな課題となっている。姉妹都市交流や文化交流と

いったイベント的な事業でなく，地域での住民としての日常的な相互交流，相互理解が，すなわち「内なる国際化」が今日ほど求められている時代はないといえよう。

　こうした「内なる国際化」をめざして取り組んでいる地域活動がいま着実に地域社会に根をおろしつつある。愛知県下で日系ブラジル人が最も多く居住する豊橋，豊田，名古屋，小牧，刈谷等の地域には国際交流協会やボランティア団体を中心に，地域での交流活動の他に外国人の生活相談や支援活動，さらに日本語や母語の学習支援に取り組んでいる。とくに豊田の保見地区では自治会集会所で毎日曜日に日本語教室が開設され，ボランティアと住民の協力のもとで運営されている。小牧や刈谷ではキリスト教会（カトリック）を拠点に母語（ポルトガル語）の学習支援が行われている。このような地域での地道な外国人への支援の活動が基盤となってこそ国家間の相互理解へと発展することができるはずであり，真の国際化にとって貴重な役割を果たすものといえよう。

(3) 地域と学校の連携

　いま地域に開かれた学校づくりの必要性がさけばれている。地域のさまざまな人材を学校に招聘(しょうへい)し，学校教育の場で活用していくことも重要であるが，逆に子どもたちが地域（活動）に積極的に参加し，地域活動の中で世代を超えて交流体験をもつことによって主体的に学び，成長する場を豊富にもつ必要があろう。

　上述の地域活動は愛知県下で取り組まれている顕著な活動例の一部にすぎない。こうした活動例をもっと掘りおこし，子どもたちに情報提供することが必要である。そのためには県下市町村で取り組まれている地域に根ざした住民活動，ボランティア活動，そしてコミュニティ活動などと学校との情報交流のネットワークづくりが欠かせない要件となろう。学校図書館はこうした地域活動の詳細を検索できる情報センターとして機能することも必要であ

る。
　いずれにしろ地域は家庭や学校と同様に子どもたちが育つ生活空間である。地域にはさまざまな学習のための生きた教材が存在している。こうした教材を有効に生かすためにこそ地域と学校の連携と協力が不可欠であり，総合的学習に課せられた役割は大きい。学校が地域に開かれ，地域が学校に開かれることによって総合的学習の真価がいっそう発揮されることを期待したい。

［資 料］

教育関係法規抄

○**日本国憲法**（1946年11月3日公布）

第14条　すべて国民は，法の下に平等であって，人種，信条，性別，社会的身分は門地により，政治的，経済的又は社会的関係において，差別されない。
②　華族その他の貴族の制度は，これを認めない。
③　栄誉，勲章その他の栄典の授与は，いかなる特権も伴わない。栄典の授与は，現にこれを有し，又は将来これを受ける者の一代に限り，その効力を有する。
第19条　思想及び良心の自由は，これを侵してはならない。
第20条　信教の自由は，何人に対してもこれを保障する。いかなる宗教団体も，国から特典を受け，又は政治上の権力を行使してはならない。
②　何人も，宗教上の行為，祝典，儀式又は行事に参加することを強制されない。
③　国及びその機関は，宗教教育その他いかなる宗教的活動もしてはならない。
第21条　集会，結社及び言論，出版その他一切の表現の自由は，これを保障する。
②　検閲は，これをしてはならない。通信の秘密は，これを侵してはならない。
第23条　学問の自由は，これを保障する。
第25条　すべて国民は，健康で文化的な最低限度の生活を営む権利を有する。
②　国は，すべての生活部面について，社会福祉，社会保障及び公衆衛生の向上及び増進に努めなければならない。
第26条　すべて国民は，法律の定めるところにより，その能力に応じて，ひとしく教育を受ける権力を有する。
②　すべて国民は，法律の定めるところにより，その保護する子女に普通教育を受けさせる義務を負ふ。義務教育は，これを無償とする。
第27条　すべて国民は，勤労の権利を有し義務を負ふ。
②　賃金，就業時間，休息その他の勤労条件に関する基準は，法律でこれを定める。
③　児童は，これを酷使してはならない。
第99条　天皇又は摂政及び国務大臣，国会議員，裁判官その他の公務員は，この憲

資 料

法を尊重し擁護する義務を負ふ。

○**教育基本法**（1947年3月31日法律第25号）

われらは，さきに，日本国憲法を確定し，民主的で文化的な国家を建設して，世界の平和と人類の福祉に貢献しようとする決意を示した。この理想の実現は，根本において教育の力にまつべきものである。

われらは，個人の尊厳を重んじ，真理と平和を希求する人間の育成を期するとともに，普遍的にしてしかも個性ゆたかな文化の創造をめざす教育を普及徹底しなければならない。

ここに，日本国憲法の精神に則り，教育の目的を明示して，新しい日本の教育の基本を確立するため，この法律を制定する。

第1条（教育の目的）教育は，人格の完成をめざし，平和的な国家及び社会の形成者として，真理と正義を愛し，個人の価値をたっとび，勤労と責任を重んじ，自主的精神に充ちた心身とともに健康な国民の育成を期して行わなければならない。

第2条（教育の方針）教育の目的は，あらゆる機会にあらゆる場所において実現されなければならない。この目的を達成するためには，学問の自由を尊重し，実際生活に即し，自発的精神を養い，自他の敬愛と協力によって，文化の創設と発展に貢献するように努めなければならない。

第3条（教育の機会均等）すべて国民は，ひとしく，その能力に応ずる教育を受ける機会を与えなければならないものであって，人類，信条，性別，社会的身分，経済的地位又は門地によって教育上差別されない。

② 国及び地方公共団体は，能力があるにもかかわらず，経済的理由によって修学困難な者に対して，奨学の方法を講じなければならない。

第4条（義務教育）国民は，その保護する子女に，九年の普通教育を受けさせる義務を負う。

② 国又は地方公共団体の設置する学校における義務教育については，授業料は，これを徴収しない。

第5条（男女共学）男女は，互いに敬重し，協力し合わなければならないものであって，教育上男女の共学は，認められなければならない。

第6条（学校教育）法律に定める学校は，公の性質をもつものであって，国又は地方公共団体の外，法律に定める法人のみが，これを設置することができる。

② 法律に定める学校の教員は，全体の奉仕者であって，自己の使命を自覚し，その職責の遂行に努めなければならない。このためには，教員の身分は，尊重され，その待遇の適正が，期せられなければならない。

第7条（社会教育）家庭教育及び勤労の場所その他社会において行われる教育は，国及び地方公共団体によって奨励されなければならない。

② 国及び地方公共団体は，図書館，博物館，公民館等の施設の設置，学校の施設の利用その他適当な方法によって教育の目的の実現に努めなければならない。

第8条（政治教育）良識ある公民たるに必要な政治的教養は，教育上これを尊重しなければならない。

② 法律に定める学校は，特定の政党を支持し，又はこれに反対するための政治教育その他政治的活動をしてはならない。

第9条（宗教教育）宗教に関する寛容の態度及び宗教の社会生活における地位は，教育上これを尊重しなければならない。

② 国及び地方公共団体が設置する学校は，特定の宗教のための宗教教育その他宗教的活動をしてはならない。

第10条（教育行政）教育は，不当な支配に服することなく，国民全体に対し直接に責任を負って行われるべきものである。

② 教育行政は，この自覚のもとに，教育の目的を遂行するに必要な諸条件の整備確立を目標として行われなければならない。

第11条（補則）この法律に掲げる諸条項を実施するために必要がある場合には，適当な法令が制定されなければならない。

　　　　　　　　　　　　　　　　　　　　　　　　　　　　資　料

　　付則
　　この法律は，公布の日から，これを施行する。

○**学校教育法**（1947年3月31日法律第26号）抄

第17条　小学校は，心身の発達に応じて，初等普通教育を施すことを目的とする。
第18条　小学校における教育については，前条の目的を実現するために，次の各号に掲げる目標の達成に努めなければならない。
　1　学校内外の社会生活の経験に基き，人間相互の関係について，正しい理解と協同，自主及び自律の精神を養うこと。
　2　郷土及び国家の現状と伝統について，正しい理解に導き，進んで国際協調の精神を養うこと。
　3　日常生活に必要な衣・食・住・産業等について，基礎的な理解と技能を養うこと。
　4　日常生活に必要な国語を，正しく理解し，使用する能力を養うこと。
　5　日常生活に必要な数量的関係を，正しく理解し，処理する能力を養うこと。
　6　日常生活における自然現象を科学的に観察し，処理する能力を養うこと。
　7　健康，安全で幸福な生活のために必要な習慣を養い，心の調和的発達を図ること。
　8　生活を明るく豊かにする音楽，美術，文芸等について，基礎的な理解と技能を養うこと。
第35条　中学校は，小学校における教育の基礎の上に，心身の発達に応じて，中等普通教育を施すことを目的とする。
第36条　中学校における教育については，前条の目的を実現するために，次の各号に掲げる目標の達成に努めなければならない。
　1　小学校における教育の目標をなお充分に達成して，国家及び社会の形成者と

して必要な資質を養うこと。
　2　社会に必要な職業についての基礎的な知識と技能，勤労を重んずる態度及び個性に応じて将来の進路を選択する能力を養うこと。
　3　学校内外における社会的活動を促進し，その感情を正しく導き，公正な判断力を養うこと。

第41条　高等学校は，中学校における教育の基礎の上に，心身の発達に応じて，高等普通教育及び専門教育を施すことを目的とする。

第42条　高等学校における教育については，前条の目的を実現するために，次の各号に掲げる目標の達成に努めなければならない。
　1　中学校における教育の成果をさらに発達拡充させて，国家及び社会の有為な形成者として必要な資質を養うこと。
　2　社会において果たさなければならない使命の自覚に基き，個性に応じて将来の進路を決定させ，一般的な教養を高め，専門的な技能に習熟させること。
　3　社会について，広く深い理解と健全な批判力を養い，個性の確立に努めること。

第52条　大学は学術の中心として，広く知識を授けるとともに，深く専門の学芸を教授研究し，知的，道徳的及び応用的能力を展開させることを目的とする。

第65条　大学院は，学術の理論及び応用を教授研究し，その深奥をきわめて，文化の進展に寄与することを目的とする。

第69条の2　大学は，第52条に掲げる目的に代えて，深く専門の学芸を教授研究し，職業又は実際生活に必要な能力を育成することをおもな目的とすることができる。

②　前項に掲げる目的をその目的とする大学は，その修業年限を2年又は3年とする。

③　前項の大学は短期大学と称する。

　　第70条の2　高等専門学校は，深く専門の学芸を教授し，職業に必要な能力を育成することを目的とする。

○学習権宣言（1985年3月29日　第4回ユネスコ国際成人教育会議）

　学習権を承認するか否かは，人類にとって，これまでにもまして重要な課題となっている。
　学習権とは，
　　読み書きの権利であり，
　　問い続け，深く考える権利であり，
　　想像し，創造する権利であり，
　　自分自身の世界を読みとり，歴史をつづる権利であり，
　　あらゆる教育の手だてを得る権利であり，
　　個人的・集団的力量を発達させる権利である。
　成人教育パリ会議は，この権利の重要性を再確認する。
　学習権は未来のためにとっておかれる文化的ぜいたく品ではない。
　それは，生き残るという問題が解決されてから生じる権利ではない。
　それは，基礎的な欲求が満たされたあとに行使されるようなものではない。
　学習権は，人間の生存にとって不可欠な手段である。
　もし，世界の人々が，食糧の生産やその他の基本的な人間の要求が満たされることを望むならば，世界の人々は学習権をもたなければならない。
　もし，女性も男性も，より健康な生活を営もうとするならば，彼らは学習権をもたなければならない。
　もし，わたしたちが戦争を避けようとするなら，平和に生きることを学び，お互いに理解し合うことを学ばねばならない。
　"学習"こそはキーワードである。
　学習権なくしては，人間的発達はあり得ない。
　学習権なくしては，農業や工業の躍進も地域の健康の増進もなく，そして，さら

に学習条件の改善もないであろう。

　この権利なしには，都市や農村で働く人たちの生活水準の向上もないであろう。

　端的にいえば，このように学習権を理解することは，今日の人類にとって決定的に重要な諸問題を解決するために，わたしたちがなしうる最善の貢献の一つなのである。

　しかし，学習権はたんなる経済発展の手段ではない。それは基本的権利の一つとしてとらえられなければならない。学習活動はあらゆる教育活動の中心に位置づけられ，人々を，なりゆきまかせの客体から，自らの歴史をつくる主体にかえていくものである。

　それは基本的人権の一つであり，その正当性は普遍的である。学習権は，人類の一部のものに限定されてはならない。すなわち，男性や工業国や有産階級や，学校教育を受けられる幸運な若者たちだけの，排他的特権であってはならない。本パリ会議は，すべての国に対し，この権利を具体化し，すべての人々が効果的にそれを行使するのに必要な条件をつくるように要望する。そのためには，あらゆる人的・物的資源がととのえられ，教育制度がより公正な方向で再検討され，さらにさまざまな地域で成果をあげている手段や方法が参考となろう。

　わたしたちは，政府・非政府双方のあらゆる組織が，国連，ユネスコ，その他の専門機関と協力して，世界的にこの権利を実現する活動をすすめることを切望する。

　エルシノア，モントリオール，東京，パリと続いたユネスコ会議で，成人教育の大きな前進が記されたにもかかわらず，一方には問題の規模の大きさと複雑さがあり，他方には適切な解決法を見出す個人やグループの力量の問題があり，そのギャップはせばめられてはいない。

　1985年3月，ユネスコ本部で開かれた第4回国際成人教育会議は，現代の問題のスケールの大きさにもかわわらず，いやそれだからこそ，これまでの会議でおこなわれたアピールをくり返しのべて，あらゆる国につぎのことを要請する。すべての国は，成人教育の活動においても，サービスにおいてもたしかな発展をとげるため

資　料

に，大胆で想像力に満ちた努力をおこなうべきである。そのことによって，女性も男性も，個人としても集団としても，その目的や条件や実施上の手順を，自分たちで決めることができるようなタイプの成人教育を発展させるのに必要な，教育的・文化的・科学的・技術的蓄積をわがものとなしうるのである。

　この会議は，女性と婦人団体が貢献してきた人間関係における新しい方向づけとそのエネルギーに注目し，賛意を表明する。その独自の経験と方法は，平和や男女間の平等のような人類の未来にかかわる基本的問題を解決するための中心的位置を占めるものである。したがって，より人間的な社会をもたらす計画のなかでの成人教育の発展に女性が参加することは，ぜひとも必要なことである。

　人類が将来がどうなるか，それは誰がきめるのか。これはすべての政府・非政府組織，個人，グループが直面している問題である。これはまた，成人の教育活動に従事している女性と男性が，そしてすべての人間が個人として，集団として，さらに人類全体として，自らの運命を自ら統御することができるようにと努力している女性と男性が，直面している問題でもある。

(国民教育研究所訳)

■著者紹介
新海　英行（しんかい・ひでゆき）
1938年　愛媛県に生まれる。
1972年　名古屋大学大学院教育学研究科博士課程満期退学
1974年　香川大学教育学部助教授
1987年　名古屋大学教育学部教授
2000年　名古屋大学大学院教育発達科学研究科教授
現　在　名古屋大学名誉教授，愛知学院大学教授。専攻は社会教育。

■主な著書
監訳，J.M. ネルソン著『占領期日本の社会教育改革』大空社，1990年
共編『GHQの社会教育政策 ―成立と展開―』大空社，1990年
共編『新社会教育講義』大空社，1993年
共編『近代日本社会教育論の探求』大空社，1993年
共編『現代の高校教育改革 ―日本と諸外国―』大学教育出版，1998年
共編『新版 在日外国人の教育保障 ―愛知のブラジル人を中心に―』大学教育出版，2002年
共編『現代世界の生涯学習』大学教育出版，2002年
単著『現代社会教育の軌跡と展望 ―生涯にわたる学習権保障の視点から―』大学教育出版，1999年
編集『日本現代教育基本文献叢書　社会・生涯教育文献集Ⅰ』（全10巻）日本図書センター，1999年

新版
子ども・青年の生活と教育
――「生活台」に立つ教育改革を求めて――

1993年 8月28日　初　版第1刷発行
2000年 4月20日　第2版第1刷発行
2002年 4月20日　第2版第2刷発行

■編著者────新海　英行
■発行者────佐藤　正男
■発行所────株式会社 大学教育出版
　　　　　　　〒700-0951　岡山市田中124-101
　　　　　　　電話 (086) 244-1268(代)　FAX (086) 246-0294
■印刷所────互恵印刷(株)
■製本所────日宝綜合製本(株)
■装　丁────ティー・ボーンデザイン事務所

© Hideyuki Shinkai 1993, Printed in Japan
検印省略　落丁・乱丁本はお取り替えいたします。
無断で本書の一部または全部の複写・複製を禁じます。

ISBN4-88730-378-5